コロナ時代の
身体コミュニケーション

山口真美・河野哲也・床呂郁哉［編著］

勁草書房

目次

第1章　コロナ下でのコミュニケーションとポスト・コロナに向けた顔身体

山口真美・渡邊克巳

1　この本の出発点――コロナ下での「顔・身体学」

この本は、二〇一七から五年間の期限で行われた「顔・身体学領域」から発信するものである。研究課題の正式名称は、新学術領域（研究領域提案型）「トランスカルチャー状況下における顔身体学の構築―多文化をつなぐ顔と身体表現―（略称：「顔・身体学」）」領域。これまで別々の流れで研究されてきた「顔研究」と「身体研究」をまとめることが、ひとつの目的であった。さらにこの顔と身体という観点から、様々な地域や文化の間に存在する壁（心理学的な観点から説明すると、潜在的に処理される、意識されないふるまいによる〝ずれ〟から生じる違和感をもとにした、差別化を生み出す仕組み）を理解し、「トランスカルチャー」という新しい社会的価値観を作り上げることについての提案でもあった。

私達の「顔・身体学領域」からどのように本書を発刊するに至ったか。ここではその流れを順番に説明し、コロナ下を顔と身体から考えることをあぶりだしていきたい。

まずはこの話の出発点となる、「顔・身体学領域」領域の挨拶文を以下に示そう。

顔と身体は常に個人の由来を露出し、かつ顕著に表現し、あるいは個人が何者であるかを読み解くことができる、隠すことのできない媒体です。グローバル化が叫ばれる現在、これまで無意識に行ってきた顔と身体にかかわる営みを意識化し、それぞれの文化で「当たり前」とされてきたことを再考していきたいと思います。

インターネットの普及で、世界に向けて気軽に意見を発信できるようになりましたが、その媒体は言語としても、感情をダイレクトに表すのは「顔文字」であったりします。また、世界に向けて自分自身を示すプロフィール写真で使われるのも、「顔」です。インターネットの普及により、現代社会に生きる人類は、これまでにない大量の顔と身体表現にさらされています。顔や身体という媒体において、われわれの社会はかつてないほどに膨大に広がったともいえるのです。メディアの進化に伴って、顔の越境化は進みます。

一方で依然としてアンタッチャブルとされた異文化は、意識の外に存在したままの状況です。たとえば、自分と違う肌の色、自分とは違う身振りや手ぶりに忌避感を感じるのは、心理学の観点からいうとごく自然なことですが、グローバル化された世界の中で、こうしたヒトの持つ本性は依然隠されたままです。「身体的に知ること」を封印してきたことに対し、意識化して理解すべき段階にあるのではないでしょうか。

この領域では、顔と身体を扱ったさまざまな研究を融合していきたいと思っています。古典的な文学作品に残された顔や身体表現から、その社会・文化的な背景を読み解くことができるでしょう。それぞれの人物の顔と身体をどのように表現してきたかにより、その文化が何を重要視し、何に注意を払っていたかを解析することができると思います。これまで個別に検討されてきた事象を統合することにより、新たな研究の視座を提供したいと考えます。

トランスカルチャーとは、混在した多様なカルチャーの「越境」の試みといえましょう。無意識を意識化することによる他者理解を、提供していきたいです。また越境する対象は社会・地域だけではなく、自身の性や身体そのものまでも含みえます。身体表現は時代によって変わります。イスラム圏でのベールの使用の多様性は、設定された規範から逸脱していく歴史を語るものではないでしょうか。このように個人と社会の関係を見つめ直すことにより、社会や個人の生き方を変える価値観を提供できたらと思います。本領域ではマクロとミクロの循環的な関係を基礎にした、人文社会の新たな学問領域を確立していく試みを続けていきます。

私たちの新しい試みについては、高い評価を得られてきた。中でも二〇一八年七月に日本科学未来館で行ったトークイベント『ヴァーチャル世界でワタシはどうなる?』は象徴的なものであった。携帯電話やスマホの普及を経て、バーチャルリアリティチャットが現実味を帯びてくる中、技術の進歩の中で変わりゆく〝わたし〟となる「身体の越境」について捉えるこころみである。異文化との交流だけでなく、科学技術の進歩によっても、私たちの顔や身体は越境していく可能性がある。このイベントは、ツイッターの「いいね!」数がなんと四〇万件を越えるほどの衝撃的な反響を得ることができた。

そこにたちはだかったのが、コロナの壁であった。

2　コロナ下、顔と身体の乖離

繰り返すが、「顔・身体学」は、これまで顔と身体とで独立して行われてきた研究を統一することと、さまざまな地域文化の間の壁が生じる仕組みを理解することとを通じて、顔身体の統一と、さまざまな地域文化を超越する実践を追求する研究であったのだが、このコロナ下でいずれの試みも分断されることとなる。

その端緒を示したものが、ニュースレターの文面にある。「顔・身体学領域」に対する評価委員からの中間評価を終えて後期の公募班を迎えるという、折り返し地点に立った時点での挨拶文を以下に紹介しよう。二〇二〇年六月に発刊したものである。

新たな公募班を迎えた門出となるはずの二〇二〇年四月は、思いもかけない状況であけました。「顔・身体学」が目指す「トランスカルチャー」は海外との交流が前提ですが、その門戸は次々と閉ざされました。そんな現状に思いをはせる余裕もなく、大学では準備する間もないままに遠隔授業が始まり、日常生活も混乱を極めています。

領域の皆様は、いかがお過ごしでしょう。文化人類学では海外に行くこともかなわず、実験心理系は対人実験がストップされ、気持ちが重くなることが続きます。

こんな時期であるからこそ、「顔・身体学」領域にいてよかったと思って頂けるよう、研究の展開の一助となるイベントの提供を考えました。知識を提供・共有しあえる場として、Zoomを使った勉強会を企画しました。哲学・心理学・文化人類学の手技や主義・カレントトピックを共有する「勉強会」は、既に配信されています。また、若手の研究者のワークショップもZoomで行う準備をしています。

さらには、現代の状況について「顔・身体学」の立場から情報を発信する場として、「顔身体学通信」ブログを開始しました。それぞれの研究者の新型コロナウイルス感染症（COVID-19）による日常の変化について、記録を残しておく試みです。

私は現在、二〇二〇年九月刊行予定の岩波ジュニア新書「こころと身体の心理学」をまとめています。私たちの身体にとって、感染症に起因した問題は、大きな意味を持つ事象です。そこで触れた話をまじえて、領域の皆様へのご挨拶とさせて頂きます。

新型コロナウイルス感染症（COVID-19）により、東京オリンピック・パラリンピックは延期、学校は休校。会社はリモートワーク、学校は遠隔授業と、人とのつながりは次々に閉ざされ、〝現実の身体どうしの接触〟は希薄になっています。

二〇二〇年の年度末に企画していた、ミックスレイスの国際シンポジウムやジャカルタでの国際シンポジウムは、開催直前に延期を決断せざるを得ない事態となりました。

特にジャカルタの国際シンポジウムの延期は、新型コロナウイルス感染症（COVID-19）をめぐる象徴的な出来事であったと思います。開催予定の前週にジャカルタで大規模な洪水があり、現地スタッフと逐次連絡を取っていたのですが、その際の現地の目下の関心時は、〝洪水で多くの人を集めることができない〟ということでした。それが、クルーズ船（ダイヤモンド・プリンセス号）のインドネシアの船員の帰国から、状況は急激に変わり、シンポジウム延期という開催直前の決定となったのです。後日、現地のＬＩＰＩ（インドネシア科学院）の方々による、心を込めて準備された大会プログラムとグッズが送られました。延期というかたちで、これらのつながりを生かしていきたいと思います。

このように事態は急速に変化し、各国はそれぞれの歩みで、感染症の波を受けています。このシンポジウムの前には、ミラノやフランスの研究者たちを日本から送りだして帰国の無事を心配していたさ中、みるみるうちに彼らの国々の感染が日本を追い越していきました。そんな中で、ヨーロッパでデータ収集中のグループも途中帰国を余儀なくされ、それぞれの無事を祈りながらの年度末でした。

日本の日常生活も刻々と変わり、感染症と暮らす日々は、それぞれの現実となっています。感染症は、世界のつながりが強くなった今であるからこその、予想もしない速度と規模の広がりとなったと思います。それぞれの国がシャットダウンしていく中で、「越境」を目指すこの領域にいて、それとは逆方向の「新型コロナウイルス感染症（COVID-19）による分断」という事態に出会うこととなりました。

私たちは、感染症の新たな歴史の中に、いやがおうもなく組み込まれています。このような状況にいることによって、「人はつながりたい」のだということが、今までよりもより強く実感されます。「家にいろ」と何度も言われても、街や公園に人は集まろうとしています。この感染症の対策で一番難しいことは、人の「集まりたい」という欲求を抑えることが難しいということでしょう。

日本に先んじて自宅待機をしていた国々で、人ごみを避けて遠くの公園やビーチに行ったはずが、そこが人ごみになっていたという映像を目にしていたにもかかわらず、それとまったく同じ光景を、日本でも見ることになりました。集まる欲求を止めることは、いずれの国でも難しいのでしょう。

顔や身体が現実世界の中で触れ合うことが難しくなった今、私たちはどのように暮らしていくことになるのでしょうか。

Zoom によるインターネットを介したつながりは、地域や国を超えます。電車や飛行機は不要で、時差に気をつければ、海外とのつながりは、いっそう近くなった気がします。サイバー空間で海外の人々と交流していると、オリンピックのように不特定多数の人が同じ場所に集まる大規模なイベントはできないにしても、むしろ、個人個人のつながりはより強く保てるような気がします。

しかし今のところ、こうしたサイバー空間でのつながりは、現実に会うよりも、疲れるのではないでしょうか。現実の身体が介在しないことに、まだ慣れていないせいかもしれません。新しい状況を意識の上で理解しても、潜在的な側面である身体が追いつけない証拠のようにも思えてなりません。

これから先、人々はどのようにつながっていくのでしょう。閉ざされた国々と、どのように窓をあけて交流を再開していくのか。これから先、そして、それぞれの国や地域で今起きている様々な事象、それらはすべて私たちの研究の対象になるのではないでしょうか。「顔・身体学」では、顔と身体から個人と社会との関係を見つめ直し、社会や個人の生き方を変える価値観を提供していく領域となります。

本領域は、人文社会分野の心理学・文化人類学・哲学が協力して研究を推進しています。この四月より、二五の公募班が加わりました。毎年二回開催される領域会議には異分野の研究者が集い、定例になった沖縄で年末に開催される領域会議では、若手の参加を促す渡航支援の制度もあることから、一〇〇名近い研究者が結集します。今年は六月の領域会議がウェブ開催となりますが、より強い分野間の連携を作りあげるため、各分野の勉強会や分科会を企画しています。ウェブ開催だからこそ、気軽に質問しあえる場が提供できるのではないかと思います。そして年末に沖縄でリアルに会えることを祈願し、この領域のメンバーとともに、健康に「顔・身体学」の追求を続けていけたらと思います。

ニュースレターにも記したように、「顔・身体学領域」では、顔身体学に所属する研究者の新型コロナウイルス感染症（COVID-19）による日常の変化をつづった「顔身体学通信」のウェブ連載を開始した。このブログの当初の目的は、海外でのデータ収集ができない若手研究者に執筆の機会を提案したことだった。そしてもう一つの目的は、感染症の歴史からみても貴重な時代を過ごした研究者としての日常を記録として残しておくことであった。そして本書は、このブログに立脚している。ブログを執筆したメンバーの中からそのエッセンスを抽出してまとめたのが本書である。

このブログがどのように出発したのか、二〇二〇年四月一二日の第一回のブログを以下に示してみよう。

顔・身体学通信第一回　新型コロナウイルス感染症（COVID-19）と顔・身体学

フランスからの来訪者を鎌倉まで連れていく途中のこと、偶然にも湾岸線を走る車の窓越しに、横浜の大黒ふ頭に泊まるクルーズ船（ダイヤモンド・プリンセス号）を遠くに見ました。二〇二〇年二月二三日、顔・身体学領域の国際シンポジウムが延期された日のことです。美しい白い船体に「DIAMOND PRINCESS」の文字を目にしたとたん、タイタニック号のように痛々しく浮かぶ船として感じられました。今から思えばそれは、全てのはじまりの象徴だったように思います。

二〇二〇年二月には、ミラノやフランスの共同研究者たちを迎えていました。日本のクルーズ船の対応について世界に報道が飛び交う中、彼らが日本から帰国することに誹謗中傷はないかと心配していたところ、その数週間後にはむしろ、それらの国々での緊急事態を耳にするとは……。予想もしない展開に声も出ない思いでいました。新型コロナウイルス感染症（COVID-19）は、窓の外の風景ではなくなっていったのです。

世界はまだ、混乱の中にいます。しかしながらこうした混乱をなんらかの形で記録としてまとめて、発信したいと思いました。

「顔・身体学」領域では、さまざまな国や地域、多様な人々が交流していく「トランスカルチャー状況」という現代の現状の中で、顔と身体についての研究をすすめてきました。

領域を構成する主な研究者の出自は、心理学・文化人類学・哲学です。当然ながら、様々な地域への調査に行き、複数の地域との共同研究も行っています。予定していた領域の国際シンポジウムや海外交流が次々と延期になり、データ収集中のグループも途中帰国を余儀なくされ、それぞれの無事を心配しながら年度末を過ごしました。

それぞれの国がシャットダウンしていく中で、「越境」を目指すこの領域において、それとは逆方向の「新型コロナウイルス感染症（COVID-19）による分断」という事態に出会うとは、運命のいたずらのようにすら感じられました。

新型コロナウイルス感染症（COVID-19）の問題は、世界のつながりが強くなった今であるからこその、予想もしない速度と規模の波及であったと思います。日々刻々と変わる変化の速さに、私たちの心の処理が追いつきません。

そしてこのウイルスの進撃をなかなか止められないその原因のひとつに、人の集まりを規制するのは難しいということがあるのではないでしょうか。

今このような状況にいることにより、今までよりもより強く「人はつながりたい」のだということが実感されます。

顔や身体が現実世界の中で触れ合うことが難しくなった今、私たちはどのようにしていけばよいのか。

この状況は、人類の歴史として記しておくべきと思い、このブログを立ち上げました。「顔・身体学」のメンバーそれぞれが体験した現在の状況を、記録として残したいという思いです。心理学・文化人類学・哲学のシニア・中堅・若手の声をお聞きください。

このブログを開始した二〇二〇年四月の時点では、コロナの先行きとその日常について、なにもわからない手探りの状況であった。やがて人々はコロナ下で生きることに慣れていった。ステイホームで家からオンラインで会議をしたり授業に出たりと、人の流れは制限されていく。最初のうちは便利だと思っていたこれらの仕組みも、使いこなすうちに、これまでの日常とは違う疲労があることに気づいていく。また、一年くらい我慢すれば終わると思っていたマスク生活も、一年がすぎてもまだまだ継続する様子が見えてくると、身体的な接触がないことへの違和感が増していった。

この年の最後に書いた、ブログの印刷版の「あとがき」を下に示す。二〇二〇年一二月二九日に執筆したもので、こうした流れがみえてくる。

二〇二〇年という年を後々振り返ってみると、どのような年として映るのでしょうか。

このブログの執筆者のメンバーが所属する、新学術領域「トランスカルチャー状況下における顔身体学の構築」は、二〇二〇年の東京オリンピック・パラリンピック前後での日本における異文化の受容を解明することを目的の一つとして企画された研究領域でした。ところが二〇二〇年が明けてみると、あれよあれよという間に、世の中は予想とは全く逆の方向に流されていきました。オリンピック・パラリンピックは翌年に延期され、リアルな交流は次々に絶たれ、感染症におびえながら暮らす日常が待っていたのです。

大学の授業は、いち早くオンラインとなりました。私自身は一年生の担任だったものの、入学式も新入生向けのオリエンテーション合宿も無しで、オンラインだけの演習担当という厳しい状況でのスタートでした。ようやく双方向のオンラインの授業でのやりとりに慣れたと思ったところで、今度は夏休みが過ぎたら対面の授業が許可されるものの、〝対面の授業を躊躇する学生のため〟ということでハイブリッド授業となりました。

それでも初めての対面授業でお互い初めて顔を合わせ一年生達は、画面で見た時よりもずっと生き生きとして生意気にすら見えて、巷で噂されていたように、オンラインの授業で鬱になりやすいということはないのではと思ったものです。後期の授業では、オンラインの授業と対面の授業とを週ごとに変えてみました。そんな中で気づいたのは、教室でディスタンシングを取りながらマスク姿で出会うことと、オンラインの授業でフルフェイスで会うこととの違いです。オンラインの授業では、顔の下に常に名前が表示され続けるというのも不思議な経験です。初対面の一年生同士では、オンラインの授業で印象的な発表やコメントをしている学生の名前に注目することによって、お互い顔と名前を覚えやすくなるのでは、などとも考えました。

授業の中では、さまざまなコミュニケーションツールで学生とつながりました。そんな中で、私達の対人様式は、明らかに違う段階に入っているのだと強く思うこととなりました。

そんな二〇二〇年に、「顔・身体学」を研究する領域のメンバーがそれぞれに感じたことを、記録にとどめておく。それがこの出版の目的です。この記録が、いつか何らかのかたちで役に立つことを祈っています。

3　コロナ下で二次元世界に占有され、分離される顔と身体

コロナ下で便利に使われるようになったのは、Zoomをはじめとしたオンライン会議である。ニュースレターにも書かれていたように、コロナが始まった当初は、インターネットを介したつながりは地域や国を超え、つながりを深めていると言及している。その一方で、現実の身体が介在しないことによる疲れも指摘している。いずれにせよ、コロナ下で通信システムは劇的に変化し、オフラインの対面からオンラインへの変遷が急速に進んでいた。まずは顔身体学の観点から、これまでの通信システムを振り返ってみよう。

そもそもが、通信システムとソーシャルメディアの劇的な発展により、現代のわれわれの顔と身体は、これまでの歴史からみると極めて特殊な位置にある。物理的な顔や身体は抽象化され、個々の顔と身体の心理的な距離感も変わっている。昨今の通信システムの変化に伴う社会環境の変貌はめざましく、そのスピードは加速されている。

たとえば電車の中や信号待ちをしているほとんどの人が片手にスマートフォンをいじっている光景は、一〇年前ほどにはない。待ち合わせ場所を決めずにとりあえず着いたらLINEで連絡というのも、一〇年前には考えられない。情報通信の歴史をたどると、各家庭への固定電話の普及が一九六〇年代で、携帯電話が普及して小学生も持ち歩くようになったのが二〇〇〇年半ばとすると、固

定電話から携帯電話までの普及の年月が約四〇年かかっている。そのことと比べると、携帯電話からスマートフォンの普及は一気に加速している。携帯電話が普及した一〇年後の二〇一三年にはスマートフォンの普及へと一気に変わっている。

携帯電話からスマートフォンへの移行で、パソコン通信が手もとで常時可能となった。アプリを使えば、すぐに人とつながる。人とのやり取りの速度や頻度は急速に増し、遠方の友人と直結している気持ちにすらなる。伝達される内容も変化している。限られた短い文章でのやり取り、撮影された画像の交換、それが動画の交換へと変遷していくうちに、言葉で伝える機会が減っていく。

ソーシャルメディアの普及は、さらなる認識の展開を作り上げた。それは若者の身体性を超える現実を提供するに至っている。たとえば若者は異なる複数の人格のアカウントを持ち、今過ごしているこの日常をそれぞれの視点から発信している。日常生活を多視点で見るということは、自身の身体に基づいた一つの視点という前提をこえるものである。身体を超えた多視点の見方は、人類がこれまで経験することのなかった視点である。それを日常で使いこなしていることは、これまでにない認知的負荷を与えていることになる。

そんな中で最近、バーチャルリアリティ技術を用いたチャットが登場した。遠くに住む人々と容易にやり取りできるようになったことがインターネットの利点ではあるが、それが文章のやりとりから写真でのやりとり、さらには動画映像の双方向通信へと変化をとげた（いわゆるZoomがそれにあたる）。さらにそこにバーチャルな空間世界を設定し、拡張した自身の身体が入り込んだやり取りまで進化しているのである。

バーチャルリアリティ世界の中で、アバターを介して人とつながるバーチャルリアリティチャットはこの数年で急速に普及し、スピルバーグの「レディジョーカー1」という映画にもなっている。バーチャルリアリティチャットで使用されるアバターは、ぬいぐるみやボーカロイドロボットのようなかわいらしい容姿が多く、チャット愛好者はそれぞれ男女を含め複数のアバターを所有して使い分けているという。ここでも身体性を越えた（自身のジェンダーも超えた）複数の自己世界の設定がある。

バーチャルチャットを愛用する人々に話を聞くと、没入感の威力を感じさせられる。チャット世界を現実世界と並行した別世界としてとらえているようで、その中で暮らしていると表現する。家に戻るとバーチャルリアリティの世界に没入し、そのまま仕事をし、そのまま眠る。バーチャルリアリティ世界の中で朝起きて挨拶することに心地よさを感じるという。バーチャルリアリティの中で結婚をすることもあるそうで、そうなると、バーチャルリアリティの世界と今生きている世界の重みづけが逆転するようにみえる。身体化と拡張現実がまさに展開されているのである。

話を戻してオンラインツールの問題について考えたい。顔身体学から言うと、このオンラインツールの最大の問題は、顔と身体の分離である。オンラインツールが、「顔」中心の二次元空間世界で構成されていることである。そこに映るのは、顔と名前というペアであり、現実世界と比較して考えると、奇妙な状況であることがわかる。常にその人の記号としての名前があり、記号としての顔がある。顔は記号の一つとして扱われ、身体から分離されているのではないだろうか？

この身体性を担保するものとして、バーチャルリアリティチャットがあげられる。アバターを使い、アプリ次第であるが、自分視点で身体を動かすもの、あるいは客観的視点で身体を動かすもの、いずれかの視点で他者とインタラクションすることができる。しかしここでも顔と身体が乖離している状態となる。なぜならばバーチャルリアリティチャットでは一般的にアバターを使うため、自分の顔は登場しない。自分の身体運動と自分の顔が分離した状態となるのだ。

二〇二一年の時点で初心者がバーチャルリアリティチャットを使うことは、体験してみるとなかなか難しいと感じた。まず第一に回線の問題もある（家庭の回線では、通信が途切れがちである）。しかしそれ以上に、自分の身体の慣れの影響が大きく、客観視点のチャットでは、外からチャット世界をのぞき込んでいる傍観者のようにしか世界が見えない。一方の自分視点はリアルではあるが、自分の動きにあわせて画面が動くため、うまく動かせない上に酔いが生じて気分が悪くなってしまう。誰もが使いこなせるようになるまでにはまだまだ課題が多いようにも見えるが、バーチャルリアリティチャットを使いこなしている人達に聞くところ、他者が存在することで、注意が外界の認識（または感覚情報のズレ）ではなくコミュニケーションに向けられ、それがさらにコミュニケーションを促進するというループが成立するのであろう。現実の世界でも、車酔いや船酔いなどを防ぐ方法の一つは楽しい会話だったりする。私たちは常に他者を志向し、それを前提とした構造になっている。

では、他者の存在を前面に押し出し、会話に集中あるいは没入さえすれば、オンラインでのコミュニケーションの違和感はなくなるのだろうか？　ブログでも書いたように、Zoom を含むオンライン会議には、コミュニケーションという主な目的に向けて、多くの機能が実装されている。たとえば、参加者の顔がフラットに並べられ、それぞれに名前が明示される。ミュートやカメラオフすることで、コミュニケーションの主体が分かりやすくなる。他にも、色々と「便利な」機能が存在するが、しかしこれらはコミュニケーションの構造（たとえば、会話のターンの順番など）が参加者に明示的に理解されている、記号的なコミュニケーションにとって便利なものであると言えよう。

現実の世界（あるいは私たちが慣れ親しんでいる世界）では、記号的なコミュニケーションに加えて、コミュニケーションを支える多くの潜在的な過程が存在する。ノンバーバルコミュニケーションの大部分は、意図せずに発生し、非記号的な（まさに身体的な）インタラクションとして立ち現れてくる。多くの人たちが感じている Zoom 疲れやオンライン飲み会での違和感は、おそらく身体の細かなそぶりや同調といった、コミュニケーションを支える潜在的な処理がうまくいっていないことによるものなのだろう。

4　オンラインで隠される／晒される顔身体

しかしながら、オンラインでのコミュニケーションについては、単に、身体性がある、身体性がない、あるいは身体性が弱いといった議論では済まされない複雑さがある。オンラインのコミュニケーションによって隠され、伝わらないものがある一方、オンラインであるがゆえに晒されるものも多くあるからだ。

たとえば対面での会議や授業を考えると、参加者はある物理的空間を共有している。この空間は（誰かの部屋に集合して行うのでなければ）、公共的（public）な性質のものであり、参加者の内面を大きくは反映しない。しかし、オンラインでのコミュニケーションは、個々の参加者の背景情報が、何らかの内的状態に関連づけられる。私たちは、コロナが始まりオンラインでのコミュニケーションが優勢になるまで、個人の「室内」をこんなにも多くみることはなかった。さらに、オフィスから参加しているのであれば、「あ、この人は今日はオフィスに来たのだな」ということが分かるし、屋外から入っている人は「忙しいのかな」（あるいは「予定忘れてたのかな」）と思うだろう。バーチャル背景を使っていれば、「この背景を選んだ理由は何だろう」とか「あまり見せたくないものがあるのかな」ということをちらっと考えてしまう。つまり、望む望まないにかかわらず、背景には参加者の身体が置かれている状況とそれに対応した内面が滲みでることになり、それが双方向をもってフラットに行われるということは、かなり新しい状況である。このような背景情報に埋め込まれた、痕跡としての身体性が、今後どのようにコミュニケーションを変えていくのかに注目して行きたい。

また、オンラインによって晒される別な事態として、「ミュート忘れ」が挙げられる。今までの対面コミュニケーションでは、沈黙することに身体的な動作は必要なかった。他者が物理的に目の前にいる場合、自分が今話しているることが聞こえているか聞こえていないかは、自分の発話そのものと一体となっている。オンラインのコミュニケーションにおいて、発話するためには、また沈黙するためには、前もって何か身体的な動作をしないといけないという状況は、他者と自分を含めた状況を第三者的視点からモニタするメタ認知的努力がかなり必要となる。しかし考えてみると、物理的な対面コミュニケーションの場合でも、メタ認知的努力による発話のオンオフは、頭の中の思考を発話に変換するときに行われているはずであり（「これは言ってはいけないな、だから言わないでおこう」）、追加の身体的動作が、身体的動作を伴わない沈黙と本質的に何か違うのかと問われると、まだ曖昧な点も残る。これは、私たちの身体の境界がどこにあるのかという問題にもつながり、オンラインにおける身体性を考える際に重要なポイントであるように思われる。

このように、オンラインでのコミュニケーションについては、単に、身体性がある、身体性がない、あるいは身体性が弱いといった議論では済まされない複雑さがあり、本来の身体的コミュニケーションとは何なのかということについても、考えさせられる機会にもなっており、精緻な理論的分析と実証的な研究が必要になってくる。

5　マスクをめぐる発達的問題について

Zoomなどの顔中心の双方向通信や身体中心のバーチャルリアリティチャットという通信技術はコロナ後も続くものとして発展していくものとなるであろうが、もうひとつ、せいぜい一年くらいがまんすれば済むと思われていた、日常生活でのマスクの使用がある。マスクに忌避感のない日本人は気づかないかもしれないが、これはオンラインの使用よりも日常生活においてはずっと異常な事態であるといえる。この一年以上、外でリアルに会う人達はほとんどすべてがマスクをした顔である。ここまでマスク生活が長く続くと、初対面からマスク顔の状態で出会うことになる。その一方で、マスク顔ではない人を見るのは、テレビやZoomなどの画面の中の人物だけである。成人であれば「今は異常であるけれど、そのうち正常に戻る」と判断できるが、生まれた時から一年以上もこのような事態の中で生きる子ども達は、どういう状態にいるのだろうか。

コロナ以前を振り返ると、日本人は他の国の人々と比べて、マスク姿になじみがあった。春には花粉症対策のためのマスク姿を多く目にし、朝早い仕事に化粧が間に合わない女性は、ノーメイクの顔をマスクで隠すこともあった。その一方で、海外ではマスクをするのに注意が必要という暗黙の鉄則がある。コロナ以前の欧米では、マスクは病院の外に出られないような重病人が着けるものとされていた。欧米諸国でコロナになってもマスクを拒絶する根底には、マスクへの拒否反応が植え付けられていたためとも思える。しかしマスクになれている日本人であるからこそ、平気でマスクをかけ続ける可能性があり、それが発達的にどのような影響があるかは考慮しておく必要があるだろう。

日本人がマスクを忌避しないことには複数の理由がある。その一つは言葉の聞き取りである。マスクをすると、口元が隠される。日本人は口元を隠しても気にせず会話ができるが、口元が隠れると言葉の聞き取りに不自由を感じる言語もあるからだ。

もうひとつが、顔の見方にある。相手の顔を見る時にどこに注目しているかを、眼球の動きから記録するアイトラッカーを用いて調べた実験が行われている。欧米人と東アジア人で表情を見る時の目の動きを比較した結果、欧米人は相手の口元を見るのと比べると、東アジア人は目元に注目するという違いがあることがわかっている。日本人は相手の表情を見る時に、目元に注目するということで、それは日本発祥の「絵文字（emoji）」にも象徴的に示される。日本の絵文字が目で表情を伝えていたのに対し、欧米の絵文字では口で表情を伝えるように変わっている。

しかも大人と同じ顔の見方は、生後七ヶ月という極めて早い段階に獲得されることもわかっている。山口の研究室では、表情を見た時の赤ちゃんの視線の動きをイギリス人の赤ちゃんと比べる実験を行った（Geangu et. al., 2016）。その結果、日本人の乳児は、表情を見る時に日本人の大人と同じように相手の目元に注目し、イギリス人の乳児は口元を見る傾向がみられたのである。振り返ってみると、日本人はおおげさな表情を作るというよりは、わずかな表情を目から読み取りあっているところがある。こうした文化差の背景は、表情の作り方の違いにあるのかもしれない。小さな赤ちゃんも、母親の顔を見て文化にそった表情をすでに学習している可能性がある。いずれにせよ、目元で表情を読み取る日本人にとって、マスクで口元を隠しても、相手の表情の読み取りに困らないということになる。

顔認知の発達に話を移すと、新生児の視力は〇・〇二ほどしかないにもかかわらず、新生児は顔選好がある。新生児だけでなく、まだ顔を見たこともない胎児でも、顔らしき光パタンを見せるとそちらの方向を向くという報告もある。こうした生まれつきの行動が、顔を見ることの発達を支えているのだろう。ただしそこで重要なことは、顔を見るポイント、目が二つ口が一つの「トップヘビー」と呼ばれる配置である。つまり顔として大切なポイントは、目や鼻や口のそれぞれの特徴ではなくて、目鼻口の配置にある。目や鼻や口の形を持たなくても、なにかが目と口の位置に並んでさえいれば、そこに顔を見出すことができる。ちなみにこの法則は、大人にもあてはまる。枯れ木に人の顔を見出だして恐れるように、顔ではないものにもこうした目と口の配置パタンを見つけると顔と誤認識する。こうした現象はパレイドリアとかシミュラクラと呼ばれ、インターネット上でも人気のコンテンツだ。家や木やカバンなど、顔とはまったく関係のない日常風景の中に「顔」を見つけだして楽しむ。

さて、この目が二つ口が一つのトップヘビーの配置を持つ顔に、マスクを着けたらどうなるだろうか。マスクをして口を隠してしまうと、なんと、このトップヘビーの法則は消えてしまう。もちろん、それでも大人はマスクで隠された口をイメージできるわけで、当然ながらマスク顔を顔として見ることができる。しかし、小さい赤ちゃんではどうだろうか。

この答えを示唆するような実験がある。横顔の実験である。横顔では目が一つ隠されているため、目が二つで口が一つのトップヘビーの法則があてはまらない。実は、これまでの新生児や赤ちゃんが顔を好むとされた実験のほぼすべては、正面から見た顔が使われている。

そこで山口らは、正面の顔と横顔を生後五ヶ月と八ヶ月の乳児に見せ、顔を見る時の脳活動を近赤外線分光法（ＮＩＲＳ）で計測した。その結果、生後八ヶ月では正面の顔でも横顔でも脳活動がみられたものの、生後五ヶ月では正面の顔を見た時だけ活動がみられ、横顔では活動がみられないことがわかった（Nakato et. al., 2009; Ichikawa et. al., 2019）。これは、月齢の低い赤ちゃんにとっての顔は正面の顔であり、横顔は顔とみなされない可能性を示すものである。ひょっとすると、同じことはマスク顔にも当てはまらないだろうか？　マスク姿で赤ちゃんに対応することには注意が必要なのかもしれない。

6　ポスト・コロナの顔身体に向けて

コロナは様々な大きな（というだけではもちろん全く足りないほどの）影響を、人間社会だけでなく地球規模の生態系に及ぼし、それは私たち「学者」の公的・私的な領域にも、もちろん反映されている。コロナが始まったころの、不安感・不自由感・不透明感といった不在を基調とする思考や感情（あるいはその裏返しとしての、特に根拠のない期待）は、ブログや本書に現れているのが見て取れるだろう。しかしながら、このような己の思考や感情、あるいは行動の記述や内省は、これから先、コロナ下という特殊な状況下やポスト・コロナで起こりうる事象について検討する使命が、顔身体学に新たに生じていることを明らかにしたとも言える。

それはすなわち、ポスト・コロナの顔身体、すなわちコロナ下で明らかとなった顔と身体の乖離、それによる不自由な身体と、身体性に依拠した苦しみの解明である。一つ目は、先ほど説明したように、二次元の顔中心のオンライン双方向通信世界で希薄化している身体という、コロナ下での顔身体の乖離である。第二は、コロナ下で自明となった、制限を持った身体について考えること、すなわち不自由な身体、さらにはそれを発展させて障害を持った（とみなされている）身体についての視点も必須である。つまり、顔身体を持つことにともなう苦しみや不自由さの意味、それらとの折り合いや価値の発見、あるいは昇華の可能性の探求をすることが、顔身体学の責務だということを、コロナの状況が私たちに突きつけてきたのである。

コロナ下で明らかにされた身体性に依拠した、会えない・接触できないという身体性、さらに動けないという身体性とその苦しみについて検討していく必要があるだろう。さらに第三の問題として、これまでの顔身体で扱ってきた生きている身体を越え、死んだ身体との関係性にも言及する必要もある。コロナ下でも多く見られた、死別に際しその身体に触れることができなかったこと、見送ることができなかった死、触れ合えなかったことによる苦しみは、コロナ下での大きな苦しみの一つとされる。人が求める「触れ合う」とはどういうことなのか。改めて顔を含めた身体性について明らかにしていくことが必要であろう。生きているからこそ不自由さに直面し痛みを抱える身体、生きているからこそ〝触れ合うことが当たり前〟と思いこんでいるがゆえに、触れあうことのできない、苦しみや痛み、失われた身体、そしてその受容過程について、真剣に考える使命が「学者」には特にある。

失われた身体からさらにすすみ、象徴化された身体を考え、その際には、苦しみを昇華する過程としての、アートや芸術の可能性も射程に入る。すなわち、（A）今ここにいる身体、不自由な身体とインタラクションする身体の間を行き来する存在としての身体、（B）今ここにいないにもかかわらず、肖像画や抽象画あるいは死体という状態で存在する、象徴としての身体がある。一方で〝私自身の身体〟を経由し、（A）今ここの身体と（B）今ここにいない身体を行き来するのをサポートするのが、アートや芸術と考える。コロナ下という不安定な状況の中で、それぞれの身体性がどのように安定し維持されるうるのかを検討する。たとえば世界の分断という不安定な状況では、ジェンダーや人種の問題が頻発している。これらは、他者がもつ身体性への敬意が軽んじられるために生じるのではないだろうか。その背後には画一化した身体性があり、それを押し付ける社会とそれを共犯的に受け入れている私たちがある。そしてその背景には、個々の身体性の多様性を軽んじている個々の考えの集合体があるのではないだろうか。顔身体領域は、トランスカルチャー状況下という、現在はオプティミスティックにすら聞こえる世界を想定してスタートした。この、多様性への志向とオプティミズムは、我々の中でいささかも薄れていない。今後、本領域では、コロナによって炙り出されつつある問題と希望を、実践と実証の両輪を回すことで、ポスト・コロナにおける顔身体学をさらに展開していくつもりである。

第2章　マスクの心理学

河原純一郎・宮崎由樹

二〇二〇年初頭からの COVID-19 の世界的な流行下で、われわれは長期間にわたって感染を懸念し、生活範囲と活動内容を抑制するという味気ない生活を余儀なくされてきた。いままで行けていた場所に行けなくなり、会えるはずだった人にも直接会えなくなった。そしてどうにか対面が叶っても、マスクをつけ、離れて話すことが必須という状況が一年以上続いている。新型コロナウイルス感染症対策専門家会議が提言した新しい生活様式の実践例の中で、基本的感染対策としてマスクの着用が挙げられている（厚生労働省、2020）。ＷＨＯも、以前とは異なって一般の人々にもマスクを着用することを奨励し始めた（WHO, 2020）。これまでは、対面して顔を見せることは、社会的なやりとりをする際の基本ルールを守る意思があることを表明している（Goffman, 1967）はずであった。しかし、現在では COVID-19 の防護という重要な目的があってのマスクの装着ではあるが、装着して顔を半分隠すということは同時に、意思疎通のための基本ルールを半分放棄することでもある。

このような事態で何が起こるかは、心理学の歴史（および人類の歴史）の中でこれまでに体系的に調べられることはなかった。外科医が手術するときや職人がスプレーで塗装するときにマスクをつけることはあったかもしれないが、時間や場面が極めて限定されており、コミュニケーションの障害になることは希だったのだろう。一方で、COVID-19の流行は世界的に、急速に、長期間のマスク着用をわれわれに強いている。ようやく本稿を執筆している二〇二一年の六月には日本国内でもワクチンが本格化し、COVID-19の克服が現実的だと思えるようになってきた。ただし、接種したとしても感染が広まらない状態を維持するためには、対人距離を取ること、マスクの装着、感染者の隔離などの措置がしばらくの間必要であるとみられている（Yang et al., 2021）。そのため、われわれはマスクを装着したままの対面コミュニケーションを強いられるだろう。本稿では、こうした急激な変化を経て強制的に広まったマスク装着とその影響について、筆者らのグループでの研究成果を中心にいくつか紹介する。

1　マスクの装着率——身近な観察から

具体的には、COVID-19の起こる前はわれわれはどの程度マスクを利用していただろうか。また感染拡大とともに、マスクの装着はどのように普及していったのだろうか。わが国で医療用のマスクに類するものを民間でも使用し始めたのはスペイン風邪がきっかけだとされる（堀井、2012; Burgess & Horii, 2012）。Rice & Palmer の分析によれば、一九一八年当時は人口一人あたりの医師数は少なかった（1/1,120）ため、感染したとしても容易に医師にかかることはできなかった。そのため、当時の日本人はヨーロッパの国々にくらべて飛沫感染には特に警戒しており、呼吸器にダメージを与える感染症に対して心構えができていたと考えられる。マスクが感染対策となることを保証する旨の記述は当時は一切なかったが、スペイン風邪の終息後も日本ではマスク着用の習慣は残ったという。当時の日本では前近代的な医療行為が根強く残っていたため、マスク装着は近代的な行動として映った。そのため、前近代的な医療を排除しようとする人々にとってはマスク装着を推奨する価値があったという。加えて、ウチとソトという日本人の世界観に対して、マスク装着は内側と外側を明確に区切ることに相当したため、マスク装着は受け入れられやすく、定着したと考えられる（Burgess & Horii, 2012; Rice & Palmer, 1993; 堀井、2012）。

スペイン風邪が終息した後もマスクは、イタリアのインフルエンザ（一九四九―一九五〇年）、アジア風邪（一九五七―一九五八年）、香港のインフルエンザ（一九六六―一九六八年）の流行の際に一般に使用された。さらに、一九七〇年以降の花粉症の増加に対応して利用が増えた。その後、二〇〇三年の重症急性呼吸器症候群（ＳＡＲＳ）、二〇〇四年の鳥インフルエンザ、二〇〇九年の豚インフルエンザなどの報道の際にマスクをつけた関係者、行政担当者、マスコミの姿が強調され、マスクの使用は一般的になっていったという（Reynolds, 2009）。

しかし、一般的といっても、装着していて奇異に思われないという程度のことであろう。筆者の一人（河原）がカナダの大学で博士研究員をしていたとき、マスクをしない文化に初めて出遭って驚いた覚えがある。ある日、風邪をひき始めたのか、喉が非常に痛いことがあった。ただ、朝から実験をすることになっていたので、マスクをして実験室に行き、被験者に実験内容を説明していた。すると、研究室の大学院生の一人が「Jun がやっているマウスピースはどういうこと？」と別の学生にひそひそ声で聞いていることがわかった。尋ねられた学生は、「わかんない。たぶん、very sick ということだと思う」と答えていた。すると、尋ねた学生が「very sick なら家に帰るべきだよね」と話すのが聞こえた。このように陰で言われているのを聞いて、筆者はとても気恥ずかしく思い、マスクを外してその実験だけを終え、あとは他の学生に任せて帰宅して寝た。筆者はこのことを契機に反マスク派になったのかもしれない。

話を元に戻すと、COVID-19 の流行が起こる前のマスクの装着状況を知る手がかりとして、次のようなデータがある。図2-1は、二〇一三年の二月一日から六月一日までの間、名古屋市での平均花粉飛散数（左目盛り、実線、個/㎥）と、筆者の一人（宮崎）が朝の通勤時間帯にマスクを装着していた人の割合を測定したもの（右目盛り、破線）を重ねてプロットしたものである。この時期にマスク装着率は花粉の飛散が激しかったある日の直後に最大四〇％に一時的に達したが、その後三か月かけて徐々に減少し、六月には五％程度になっていたことがわかる。これはわずか一例であるが、この傾向は COVID-19 流行の直前の二〇一九年にも全く同様であったことを示すデータが

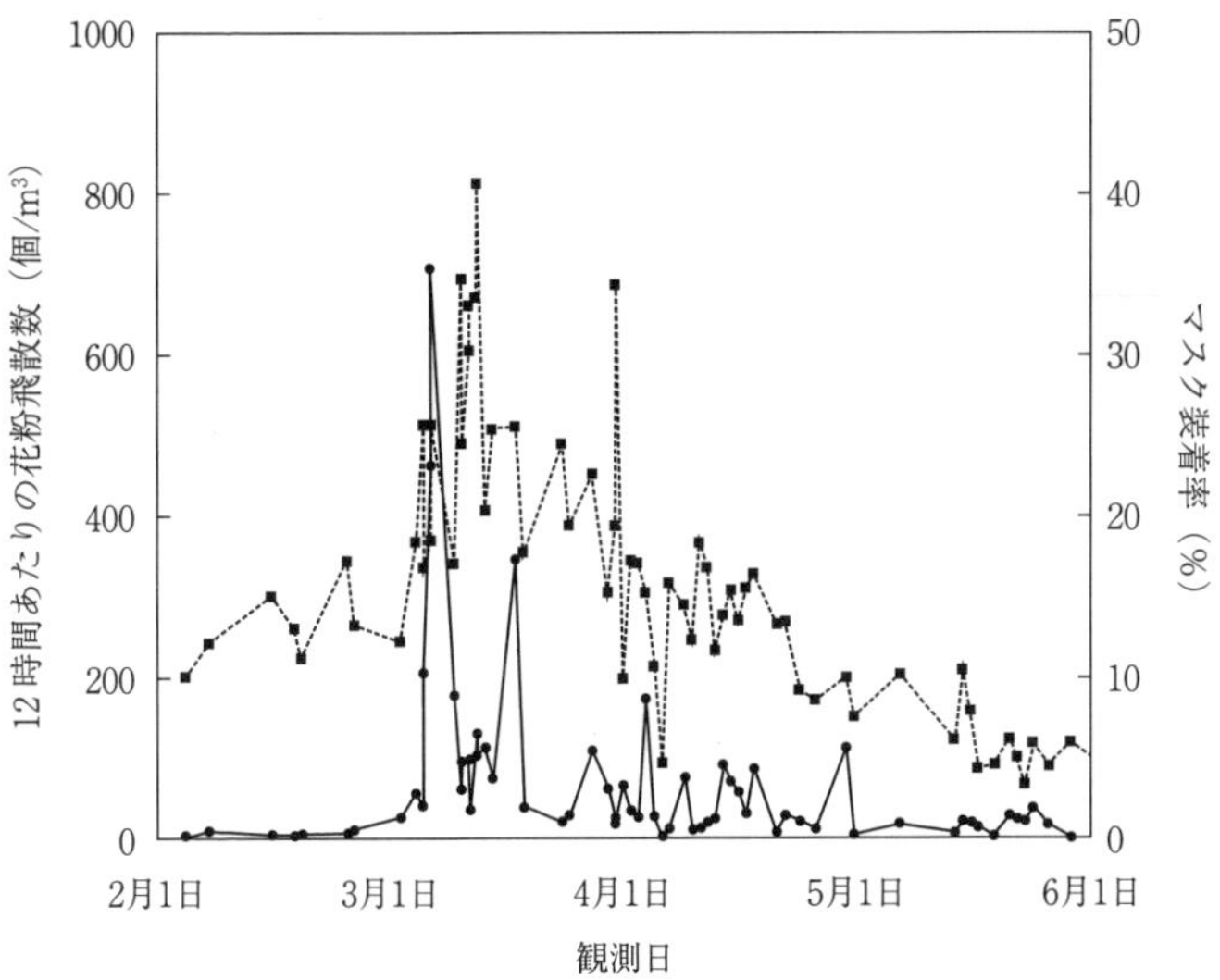

図 2-1　COVID-19 流行前（2013 年春）の名古屋市での花粉飛散数（左目盛）とマスク装着率（右目盛）

ある。

図２-２は日本国内での単日ＰＣＲ検査陽性者数（左目盛り、実線と黒丸、厚生労働省、2020-2021）と、東京都内（黒丸）および札幌市（白丸）でのマスク装着率（右目盛）を重ねてプロットしたものである。このマスク装着率はnakano_dasuという投稿者によるYouTube動画シリーズの分析に基づく。これらの動画は駅の乗り換え場面を捉えた数分の高画質動画で、最初の一分間をマスク装着率の算出に利用した。札幌市の装着率は筆者（河原）または研究室のメンバ（鎌谷美希、堂下昂暉）が札幌駅西口で毎回一五分程度カウントしたものである。右目盛りのプロットは二〇一九年一月三日から始まり、最初の四点は二〇―三〇％の装着率を示していた。そして四月一

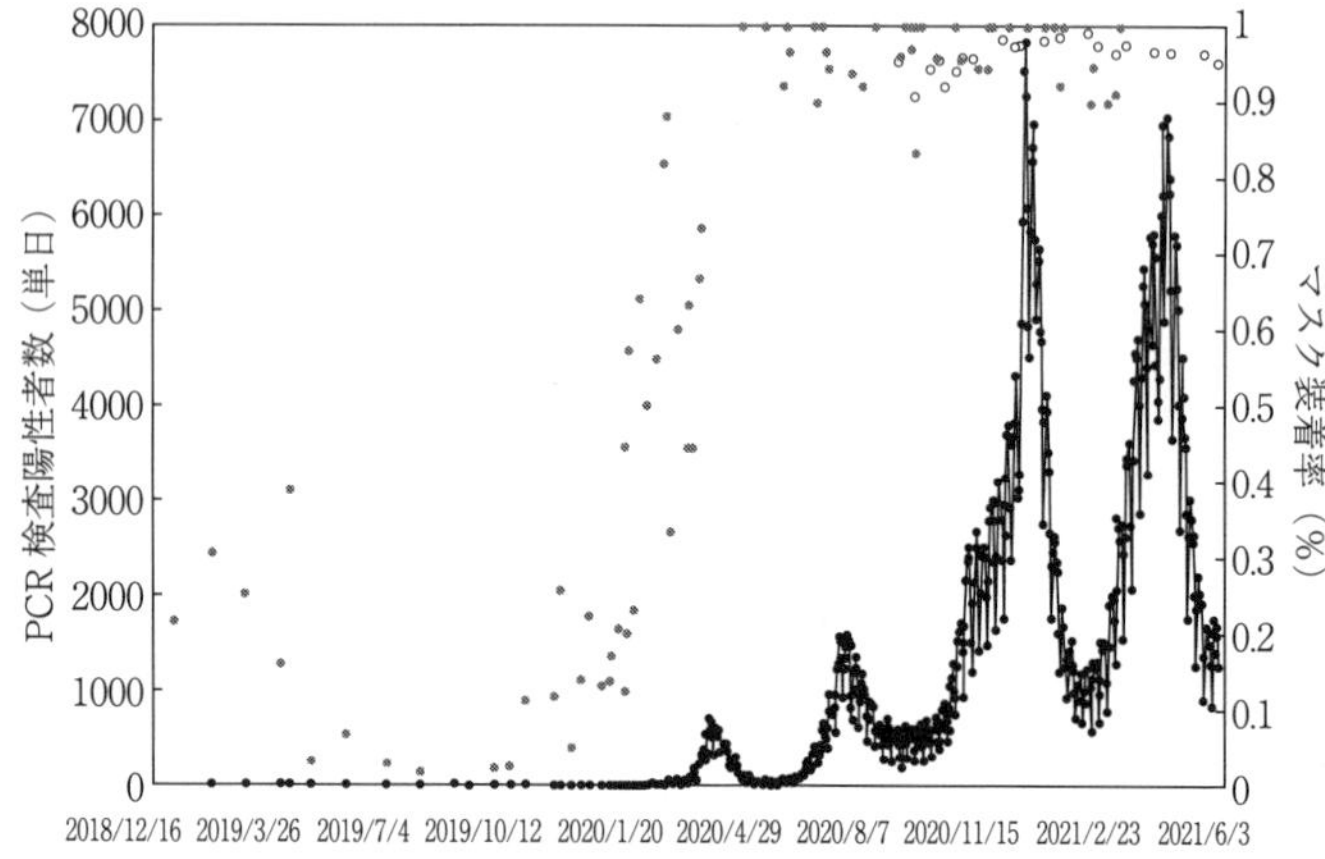

図 2-2　COVID-19 流行前後（2020 年）の日本国内での PCR 検査要請者数（左目盛）と YouTube 動画サンプル中のマスク装着率（右目盛）

四日に装着率は約四〇%に達した後、花粉の飛散が終息する六月には五%未満に低下した。この傾向は図2-1に極めて類似していることがわかる。しかし、二〇二〇年は二月五日に約二〇%を示した時点ではほぼ例年通りと言えたが、その後は状況が異なっていた。三月二八日に四四%となり、五月八日には一〇〇%の装着率に達してしまった。この背景に、二月四日、横浜港に停泊していたクルーズ船のダイヤモンド・プリンセス号の船員と乗客の三一名中一〇名からCOVID-19の感染が確認された事実がある。結局、このクルーズ船では乗客乗員三七一一人中、七一二名がCOVID-19に感染し、一三名が亡くなった。横浜港でのこの惨状は日本国内に連日報道されていたため、関東地方在住者は敏感に反応した。三月一日の時のダイヤモンド・プリンセス号以外の国内でのＰＣＲ検査要請者数はわずか一五人であったにもかかわらず、この日の乗り換え動画では八一％の通行人がすでにマスクを装着していた。マスク装着率は例年であれば六月一日は五％程度に低下するはずであったが、二〇二〇年はほぼ一〇〇％のままであった。興味深いことに、四月付近をピークとする感染の第一波は五月中旬には終息しているかに見えたが、マスク装着率は連動して低下することはなかった。

2　マスクを装着することに対する信念

筆者ら（河原、宮崎）の研究グループはCOVID-19流行前の二〇一三年から、マスクの装着が対人認知に及ぼす影響を調べてきた。筆者らは大学で講義する際、数名ながら含まれるマスクを装着した受講者に困惑していた。熱心に授業を受けているようではあるが、講義をする側からみると、内容についての学生側からの反応がわかりにくいと感じた。そこで、マスクを装着することによる表情認知を調べることを考えた。しかし、多様な表情の刺激画像を準備することが容易でなかったため、まずは当時整備していた顔の魅力データベースを用いて、マスクの装着が外見的魅力に及ぼす効果を調べることから始めた。

まず最初に、マスクを装着することに対する信念を測定した。これは実際にマスクを装着した人物を見ずに、装着することに対する態度を測った。二〇一三年当時でも、すでに「マスク美人」という言葉はウェブ記事やソーシャルメディアでは登場していた。マスクの使用は必ずしも健康上の問題（花粉症対策、喉の痛みの緩和、風邪予防）のためだけではない可能性がある。一部には、化粧をしていないことを隠すという美容目的でマスクを装着することも指摘されている（ユニ・チャーム、2014）。美容目的でマスクを装着する人は、装着が必ずしも見た目の魅力を損なうと考えていない可能性がある。むしろ、それらの人々はマスクが外見によい効果を及ぼすと考えているかもしれない。そこでわれわれは三〇〇名弱（女性二〇二名、男性八四名）の大学生を対象に、女性がマスクを装着することは、マスクを装着しないときに比べて魅力をどう変化させると思うかを七段階（外見的な魅力をとても上げる＝7、どちらでもない＝4、とても下げる＝1）で回答するように求めた。この質問に続いて、マスクを装着している人に対してどう感じるかも七段階（とても健康的＝7、どちらでもない＝4、とても不健康＝1）で回答を求めた。

その結果、COVID-19流行前（図2-3左側上段、白マスク）は、約半数近く（四四％）の回答者はマスクを装着することで女性の外見的な魅力が向上すると考えていることがわかった。一方で、健康さについてはちょうど半数（五〇％）の回答者がマスクを装着しているひとのことを不健康だと感じていた。われわれの研究グループは黒色のマスクについても同様の調査をCOVID-19流行前の二〇一六年にも実施している。当時は黒色マスクについての信念はかなりネガティブで、半数以上（五六％）の回答者が黒色マスクの装着は魅力を下げ、七一％が不健康そうだと感じていた。

COVID-19流行前のこれらのマスク装着に対する信念は、人々に日常的なマスク使用を余儀なくさせたCOVID-19の流行に伴って変容しただろうか。信念や態度が社会的なできごとによって急

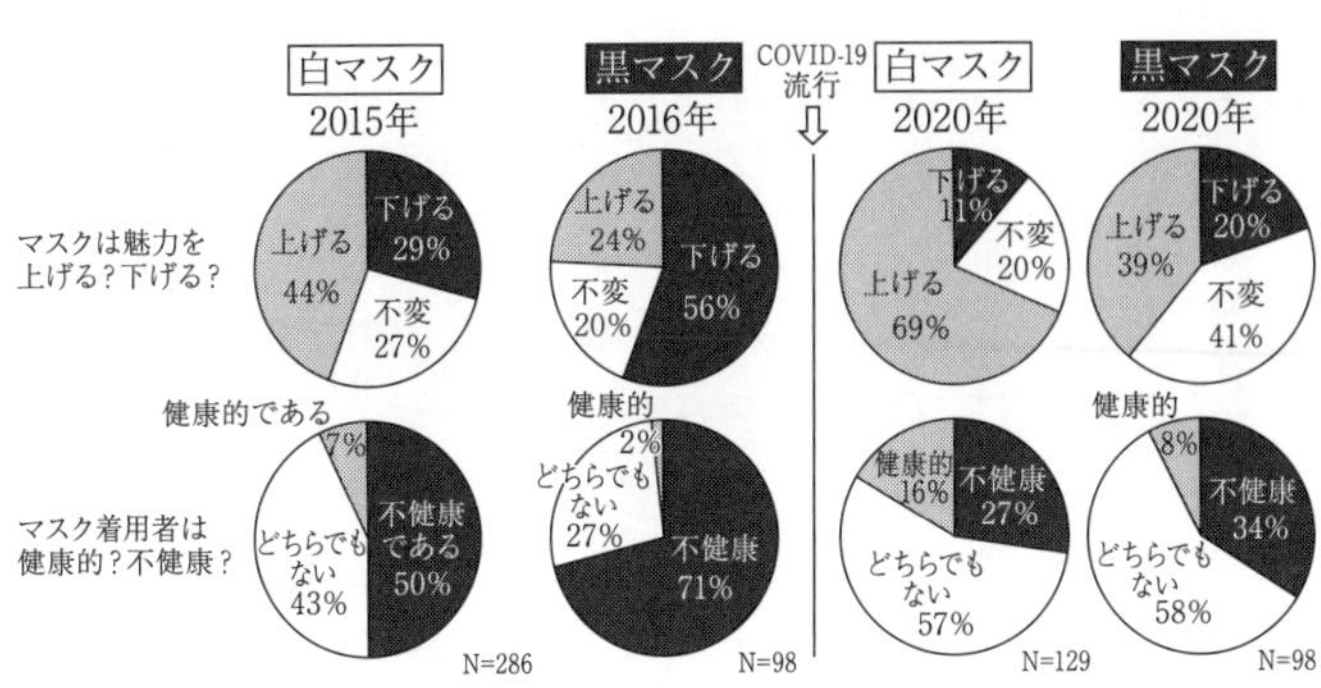

図 2-3　マスク着用に対する信念、マスク色へのCOVID-19流行の影響。2015年はMiyazaki & Kawahara（2016）、2016年は伊藤・河原（2019）、2020年は鎌谷ら（2021）に基づく。

に変化することは十分にあり得る。たとえば、二〇一〇年と二〇一二年の調査で、この間にアメリカで発生したハリケーンのアイリーンとサンディによって物理的・精神的被害を直接受けたニュージャージー州の住民は、ハリケーン前後での環境保護主義を唱える政治家に対する態度が向上したことがわかった（Rudman et al., 2013）。今回のCOVID-19流行によってわが国ではマスク着用の動機には「他の人がマスクを着用しているのを見たときに、自分もマスクを着用するべきだと思う」といった社会的規範が強く働いていることもわかってきた（Nakayachi et al., 2020）。そのため、マスクの装着者に対する態度も日本における二〇二〇年以降のCOVID-19の流行とその直接的経験によって変化が生じている可能性がある。そこでわれわれの研究グループの鎌谷美希らは、上述と同じ調査項目を使って、二〇二〇年に白色または黒色の衛生マスクを装着することへの態度を測定した。今回は実験室で対面での調査・実験は解禁されていなかったため、Google Formsを用いた遠隔実施の形態をとらざるを得なかった。黒色マスク装着者に対する信念について、具体的な人物画像を見せることなく、魅力および健康さの観点から七件法で回答を求めた。具体的には、魅力について「男性の顔の魅力は、黒い衛生マスクを着用することで高まる（低下する）と思いますか」と質問し、「非常に低下する＝1」から「非常に高まる＝7」の間で回答を求めた。健康についても「非常に非健康的＝1」から「非常に健康的＝7」の間で回答を求めた。

その結果、白色および黒色の衛生マスク着用者に対する信念は肯定的または中立的な方向へ変容していることがわかった。図2-3右側上段に示すとおり、白色マスクでは約七割の回答者がマスク装着は魅力を上げると考えていた。黒色マスクでは魅力を下げるとする回答がわずか二〇％にまで減少した。健康さについては、白色、黒色いずれのマスクでも不健康だと回答する割合がそれぞれほぼ半数に減った（白色は五〇％から二七％、黒色は七一％から三四％）。

なお、黒色マスクについては伊藤資浩らが二〇一六年、二〇二〇年ともにファッション性についても質問していた（伊藤・河原、2019；鎌谷ら、2021）。調査の結果、傾向は逆転し、二〇一六年から二〇二〇年にかけて黒色マスクを野暮ったいと感じていた人が五四％から三〇％、おしゃれと感じていた人が二六％から五一％へと急にシフトしていた。これらの結果は、COVID-19 の流行という社会的な出来事が、マスク着用者に対する否定的な態度を減少させたことを示唆している。

これらの調査結果から、COVID-19 流行はマスク装着に対するわれわれの捉え方を大きく変えたことがわかった。上述のマスク装着に対する信念の調査では回答者はマスクをした人物を実際に見て回答したわけではなく、マスクを装着することが見た目の魅力や健康さをどう変えると思うかを推測して答えていたに過ぎなかった。こうした信念は、マスクを外した顔を見て予想と違った顔が現れて驚いたときに、「マスクによる美化」が起こっていたと帰属する場合に表面化する。すなわち、顔の左右や構成要素のアンバランスおよび肌のよくない状態など、ネガティブな特徴が隠されていたせいで見た目の魅力が高く知覚されていたことに部分的に一致する。というのも、こうした調査結果のとおりマスクは魅力評価を下げる特徴を隠すが、同時に魅力評価を上げる特徴も隠す。こうした調査結果にはマスクを装着したせいで、かえって魅力が低く評定されてしまうケースが含まれていない。これは実際の顔を見ずに評定しているため、人々はマスク装着効果の一部分にしか気づいていない可能性がある。そこで次節ではわれわれの研究グループが実施した、マスクを装着した人、していない人の顔を実際に呈示し、見た目の魅力を評定する実験結果についてCOVID-19流行前後を対比させて紹介する。

3　マスクの装着が外見的な魅力に及ぼす効果——衛生マスク効果

マスクを装着した人の顔は、装着していない人の顔よりも実際に見た目の魅力が高まるか。この疑問に取り組むために、もともとの魅力の異なる三グループの顔画像を用意した。若年成人男女それぞれ約二〇〇〇名ずつの顔画像に対して、約三〇名の評定者が事前に外見的な魅力について1か

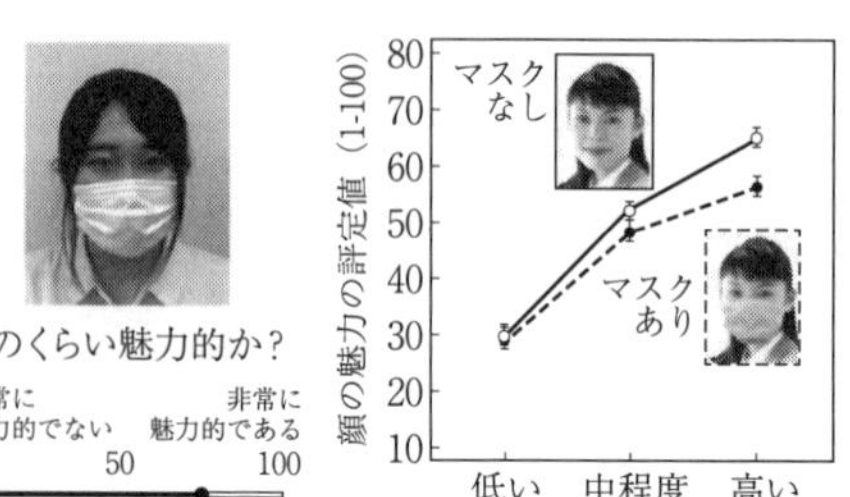

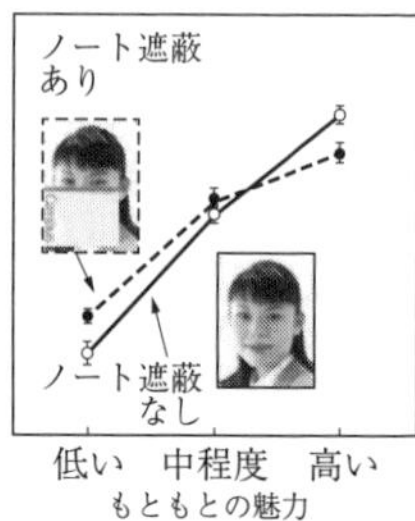

図 2-4　左：一連の魅力評定実験で用いた評定画面の例。中：Miyazaki & Kawahara（2016）。横軸はあらかじめ評定した（もともとの）魅力、縦軸はこの実験事態でマスクあり・なしの状態での評定値。右：破線はマスクあり、実線はマスクなし。

ら１００の百段階で評定したものを、魅力が高い、平均的、低いの三群に分け、このうち上位、中位、下位から二二人分の画像を選び、デジタル処理を施して同じ人物が白いマスクを装着した場合としていない場合の顔画像を用意した。そして先ほどの評定者とは別の約三〇名の評定者に、マスクを装着した顔、もしくは装着していない顔のどちらかを一つずつ見てもらった。この実験では、図2-4左のように顔画像とともにスライドバーを呈示し、この人物の見た目の魅力を１（非常に低い）から１００（非常に高い）で評定者に評定してもらった。実験の結果を示したものが図2-4中である。マスクの影響はもともとの顔の魅力によって異なっていた。魅力がもともと高い人では魅力は大きく低下した。平均的な魅力をもつ人もマスクを装着した顔では魅力は低下した。一方、魅力が低い人ではマスク装着の影響はなく、マスクを装着しても魅力は上がらなかった。この傾向には性別の影響や同性・異性別での評価の差は見られなかった。すなわち、評定者が男性でも女性でも、また評定対象の画像が男性でも女性

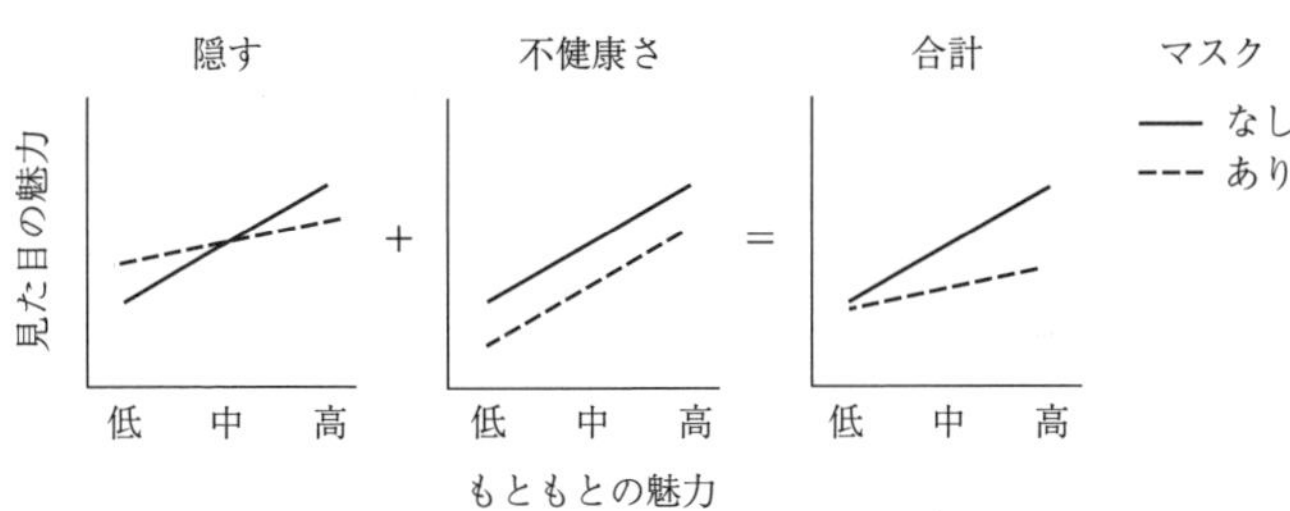

図 2-5　衛生マスク効果の 2 要因モデル（Miyazaki & Kawahara, 2016)。左：隠す要因は見た目の魅力を低める特徴も高める特徴も隠すため、結果としてもともとの魅力は平均に近づく。中：不健康さの要因は COVID-19 流行前は一様に働いたと考えられる。右：隠す要因と不健康さの要因の合計として、もともとの魅力が高い顔ほどマスクを装着することによって見た目の魅力が低下する。

でも同様にこの傾向はみられた。

このマスク効果は二つの要因から起こっていると著者らは考えた。一つは隠すことによる平均化、もう一つは不健康さである。隠すことによる平均化とは、魅力の高い顔はマスクによってよい点が隠れ、魅力の低い顔は欠点が隠れることをいう。マスクで隠すことで良くも悪くも特徴的な点が減るため、結果として魅力の違いが減って平均に近づくので、図 2-5 左に示すようにもともとの魅力にかかわらず似たような見た目の魅力となる。ここに二つめの要因である不健康さが加わる。先述の信念に関する調査（図 2-3 下段）にあるように、COVID-19 流行前にマスクをすることは不健康のサインとなり、誰が装着したとしても全体的に魅力を下げる要因となりうる（図 2-5 中）。この二つの要因が足し合わさって、もともとの魅力の高い人ほど白いマスクが魅力を下げてしまうと考えることでこの結果を説明できる（図 2-5 右)。筆者らはこれを衛生マスク効果（the sanitary-mask effect）と呼んだ。

この二要因からマスクを装着した顔の魅力を説明するモデル（二要因モデル）は単純な実験で検証が可能である。このモデルは不健康さが全体的に魅力を下げているせいで起こっていると予測しているため、不健康さと関係ないもので遮蔽してやれば、隠す要因だけが残り、図2-5左のように平均に近づく効果だけが生じるはずである。そう考えたわれわれは、ノートで顔の下半分を隠した画像を作成し、同様の実験を行った（Miyazaki & Kawahara, 2016）。これまで同様、二八名の評定者が六六枚の女性顔（もともとの魅力が高い、中程度、低い、それぞれ二二枚ずつ）のうち、半数がマスク装着顔となるようにして一枚ずつ見て、評定した。その結果を示したものが図2-4右である。予測に一致して、もともとの魅力が低い顔は見た目の魅力が高まり、一方でもともとの魅力が高い顔は見た目の魅力が低くなった。したがって、平均に近づく効果だけが生じていたことがわかる。さらに、これとは異なる二九名の評定者を対象に顔画像を男性のものに入れ替えた実験で、同様の平均に近づく効果だけが生じることを確認した。加えて、別の評定者たちに同じ画像に対して見た目の健康さを評定して貰ったところ、マスクを装着した顔は装着していない顔よりも一貫して見た目の健康さが低く評定されていた。これらの結果から、マスクを装着することが顔の見た目の魅力に及ぼす効果としては、隠す要因と不健康の要因の二つが関わっていることがわかった。

4　COVID-19流行が衛生マスク効果に及ぼす影響

COVID-19の流行は世界全体に強い影響を及ぼしたことは言うまでもない。心理学界も授業の形態が変化したこと、研究室の運営方針の変更を余儀なくされたこと、実験・調査・観察手法の制約からさまざまな問題が噴出しては解決を迫られている（これらは過去形ではなく、現在も続いている）。そのような中での不幸中の幸いと思えるのが、この衛生マスク効果の二要因モデルを検証する機会が訪れたことである。先述したとおり、この二要因モデルはマスクで隠すことと不健康さの二つを柱としていた。COVID-19の流行は、二〇二〇年よりも前はマスクの装着が不健康の象徴であった世の中を一変させた。通常、心理学では実験事態で巧みな場面設定によって参加者に文脈をつくり、態度を操作・統制する。今回のCOVID-19の流行によってわれわれ実験心理学者の意図とは無関係に、図らずも世界全体が一気に動いてマスクの装着と不健康さの連合を断ち切ってしまった。図2-2のマスク装着率が二〇二〇年春から夏にかけて低下しなかった頃、人々の間でこの連合が大きく変容していたのだろう。

二〇二〇年の四月、「もしかしてこのまま授業が始まらなかったら被験者実験はどうなる?」、「研究室はどうなる?」と困惑の中にいた著者らは、山形大学の大杉尚之先生、小林正法先生らがlab.jsによるＧＵＩベースのオンライン実験作成手法を公開されているのを知り、とても勇気づけ

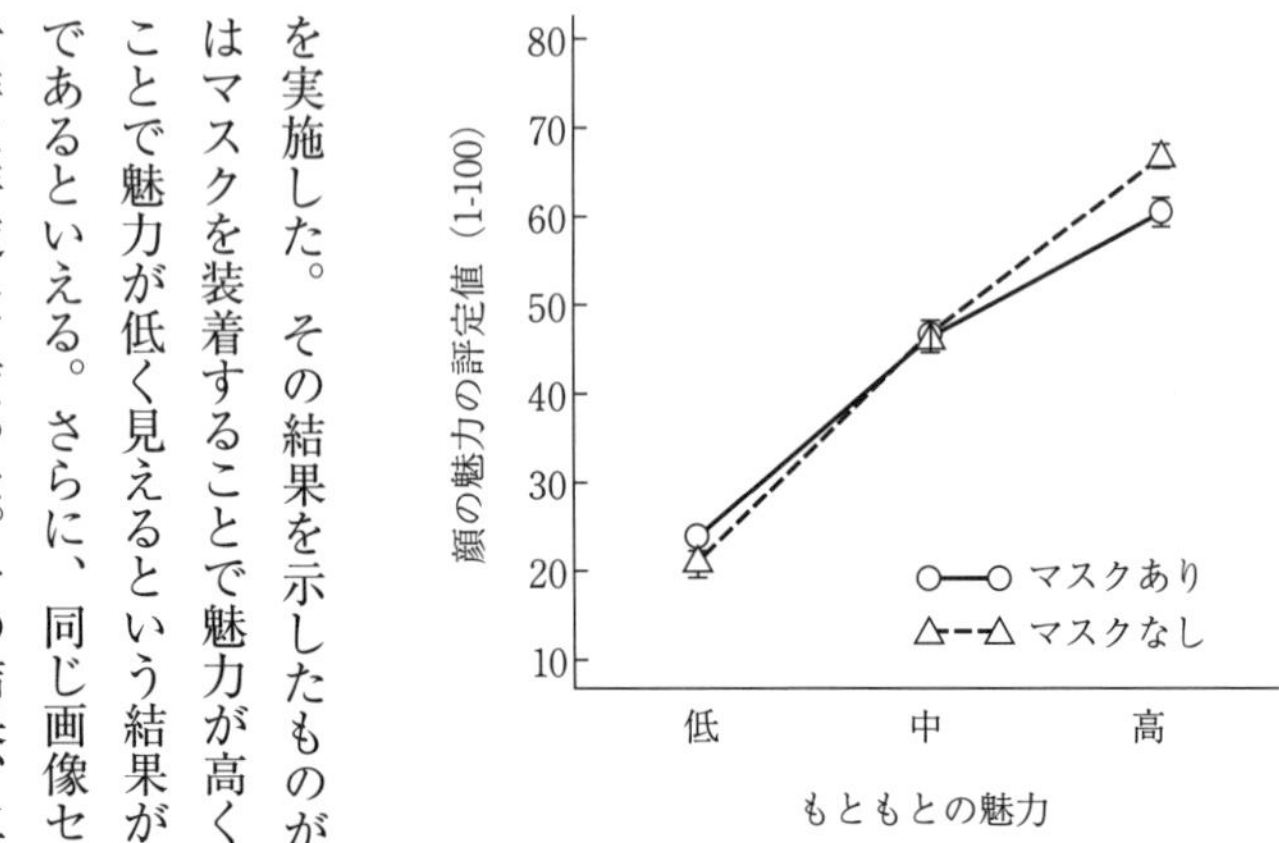

図 2-6　COVID-19 流行の魅力評定実験の結果（Kamatani et al., 2021, 実験 2 の合計）。

られた。授業形態が定まらず、やれ Zoom の準備だオンデマンドの資料をアップロードだと大混乱した大学にあって、驚異的なスピードで整備されてゆく実験手続のサンプル集はまさに救命艇であった。この中の調査向けのスクリプトを使わせてもらい、遠隔実験を準備した。COVID-19 流行によってマスクの装着が不健康という概念とは切り離されたため、図2-5中のように COVID-19 流行前は見られていた全体的な引き下げは、COVID-19 流行下では起こらないはずである。

鎌谷美希らは Miyazaki & Kawahara（2016）論文と同じ手続を用いて、二〇二〇年五月から遠隔実験を実施した。その結果を示したものが図2-6である。予測に一致して、もともとの魅力が低い顔はマスクを装着することで魅力が高く見える一方で、もともとの魅力が高い顔はマスクを装着することで魅力が低く見えるという結果が得られた。これは衛生マスクの二要因モデルを裏付ける結果であるといえる。さらに、同じ画像セットを使って質問だけを変更し、見た目の健康さを別の参加者群に評定して貰った。その結果、二〇一六年の論文の評定値よりも見た目の健康さが高く評定されていたことから、マスクの装着と不健康さの概念が切り離されてきていることがわかった。

5　COVID-19 流行がマスク装着頻度に及ぼした効果

COVID-19 流行前であっても、日本国内では予防衛生目的だけではなく、本来とは異なる用途で日常的にマスクを装着する行動様式があった。もともと、社交不安が高い者のマスクを装着する傾向は知られていた（吉永・清水、2016）。そこで、宮崎らは社交不安や特性不安、感染脆弱意識がマスク着用頻度に及ぼす影響を調べた。最初の調査は COVID-19 流行前の二〇一八—一九年の冬季と夏季に計画されたため、インフルエンザなどが流行する冬季とそうではない夏季とで装着頻度が異なることを測定できる。その後二〇二〇年の夏季・冬季の調査を追加し、装着頻度が COVID-19 の流行でどう変化したかを調べることができた。

調査はクラウドソーシングサービスを通して六七四二名の成人を対象とした。回答の負担を軽減するために質問項目を大きく二つに分け、合計九回調査した（毎回異なる約六〇〇—九〇〇名を対象とした）。調査の結果、マスク着用頻度には、社交不安、特性不安、感染脆弱意識の高さ、いずれも関係することがわかった。ただし、これらの関係は、COVID-19 流行や季節の変化に応じてダイナミックに変化していた。

COVID-19 流行前の夏季のマスク装着率は約九％であったが、流行後の夏季では約八〇％と極めて高かった。冬季に実施した調査でも同様で、流行前は二〇—三〇%であったが、流行後には五〇—八〇%と装着率が大きく上昇した。言い換えると、季節に応じたマスク装着率の変化はCOVID-19の流行前では確認できたが、流行後は季節に関係なく装着率は高いままであった。

個人特性に関しては、COVID-19の流行前は季節にかかわらず、他者に見られる不安が高い者ほどマスク装着頻度も高かった。他者に見られることを強く恐れる個人は、マスク着用による匿名性の高まりを感じることで、不安や恐れが軽減されると考えているのかもしれない。流行後は季節にかかわらずこうした関係は消失した。他者に見られる不安とマスク装着頻度の関係がCOVID-19流行後に消失したのは、ほとんどの人々がマスクを装着するようになったせいだろう。対人交流不安はCOVID-19の流行や季節に関係なく、マスク着用頻度には影響しなかった。少なくともCOVID-19の流行前は、「対人交流時にマスクを着用することは失礼にあたる」という一般的規範があった。この規範の影響で、COVID-19の流行前は対人交流不安の高さとマスク着用頻度の関係は見られなかったのだろう。COVID-19流行後については他者に見られる不安と同じ理由も関係しているると考えられる。さらに、COVID-19流行前は特性不安とマスク着用頻度の関係は認められなかったが、流行後は高特性不安者ほどマスクを着用する頻度が低い傾向にあった。この結果は解釈が難しいが、高特性不安者は、COVID-19に対する恐れが高いことで外出頻度が低く、結果としてマスクの装着頻度が低くなったのかもしれない。

感染脆弱意識とマスク着用頻度の関係は季節によって変化した。もともと季節性流感のリスクは冬季に高かったことを反映して、COVID-19 流行前は感染脆弱意識（特に易感染性）が高い個人はそれが低い個人に比べてマスク着用頻度は（特に冬季は）高かった。この関係は COVID-19 の拡大とともに変容した。二〇二〇年の調査では易感染性と装着頻度との関係は消失した。こうした関係の変容は、マスク着用率の上昇、日本人のマスク装着理由が変化したこと、COVID-19 へのリスク認知が高まったせいだろう。さらに、著名人の感染報告や訃報、後遺症に関する情報、感染力の高さ、感染経路の不透明さなど、恐ろしさ・未知性の高さ・制御可能性の低さを認識することでも COVID-19 に対するリスク認知を高めただろう。

6　マスクの色の効果

黒色のマスクへの信念としては、COVID-19 流行前はやぼったく、不健康に感じられていたが、COVID-19 流行下ではこうしたネガティブな信念は緩和されていたことはすでに述べた。一方で、実際に黒色マスクを装着したときの外見的な魅力はどう評価されていただろうか。伊藤らは COVID-19 流行前に男性顔で白色マスクと黒色マスクの外見的魅力を比較した。その結果、もともとの魅力が高い場合に黒色マスクは白色マスクに比べて外見的魅力をわずかに下げていたことがわかった。しかし、COVID-19 流行下（二〇二〇年）に測定したところ、そのような色の効果は全くみられなかった（Kamatani et al., 2021）（ただしこのときは女性顔画像での測定のみ）。

ピンク色のマスクが魅力に及ぼす影響をCOVID-19流行前に測定した結果がある。従来から、赤色を服装や写真背景に用いた場合は血色のよさを連想させるため、他の色に比べて女性の見た目の魅力が上がることが知られていた。そのため、われわれはピンク色のマスクの装着は不健康さが緩和され、魅力の向上効果が得られると考えた。黒色マスクと同様の実験手続で測定した結果、ピンク色のマスクは白色マスクに比べて、女性の顔の見た目の魅力を高めることがわかった。男性や高齢者の画像と色の組み合わせについては、現在われわれの研究グループで測定を進めているところである。

マスク装着に対するこれらの顕在的な外見的な魅力測定に加えて、われわれの研究グループは潜在的な態度の測定も試みた。顕在的な測定というのは、図2-4左のようなスライドバーを移動させて回答するタイプの意識できる行動に基づく反応を取り出したものである。一方、潜在連合検査という概念どうしの近さを測定する手法がある。この手法は連合が弱い概念間の反応時間よりも、連合が強い概念間の反応時間が短いことを利用して（Greenwald et al., 1998）、対象概念と属性の連合の強さを、反応時間を指標として計測できる。伊藤・河原（2019）および鎌谷ら（2021）は、対象概念としてマスクの色（白vs. 黒）を設定し、属性としては印象（良いvs. 悪い）を設定した。実験では、参加者は標的画像である白色または黒色のマスクを着用した人物画像か、標的単語である印象を表す単語が呈示される画面を見た。そして画面の左右に呈示されている概念のラベルのうち、どちらに属するのかを分類し、該当するボタンを押して回答した。伊藤・河原（2019）は、この手

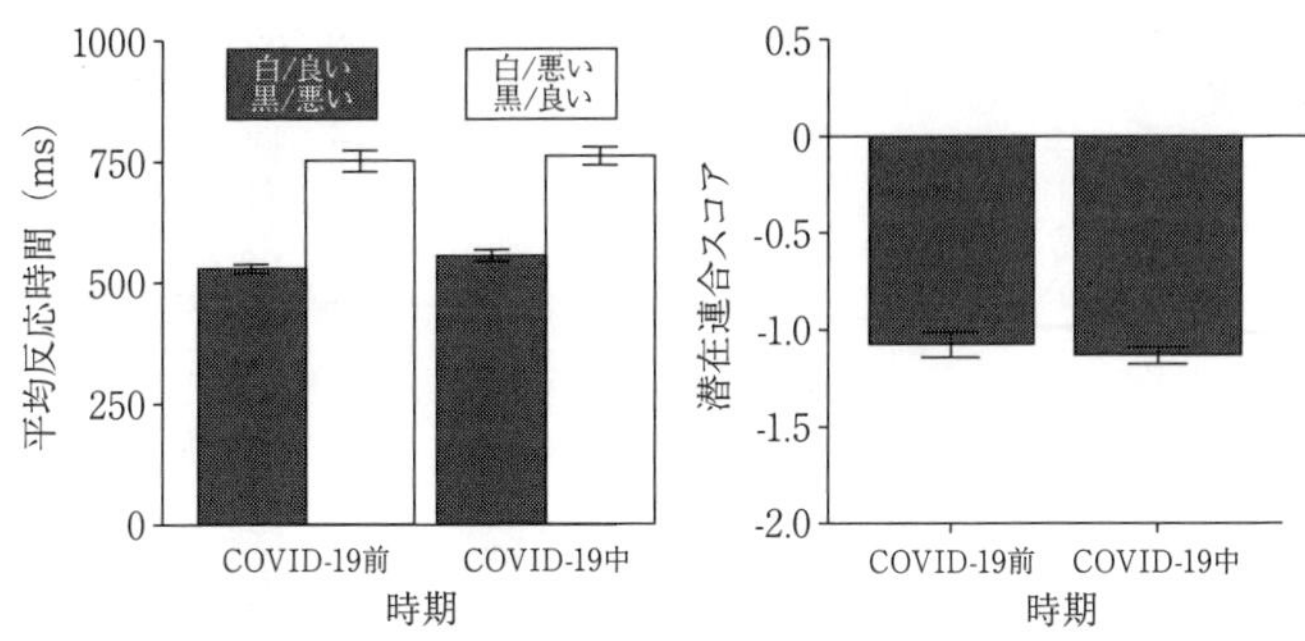

図2-7　潜在連合検査実験の結果。COVID-19流行前は伊藤・河原（2019）、COVID-19流行中は鎌谷ら（2021）による。左：主要な実験条件間の平均反応時間、誤差線は標準誤差を表す。白／良い、黒／悪いの組み合わせのほうが、その逆の組み合わせよりも素早く反応できる。右：左の平均反応時間と標準偏差をもとに計算した潜在連合スコア。負の値は黒色マスクを装着した人とネガティブ概念の結びつきが強いことを意味する。

続によって白色または黒色マスク装着者に対する良い概念および悪い概念との連合の近さを測定した。その結果、黒色マスクとネガティブ単語との間の連合は白色マスクとの間の連合よりも強く、その反応時間は、黒とポジティブ単語よりも短いことを見出した。

反応時間に表れる概念間の連合の強さを比較するための共通指標として、それぞれの参加者内の反応時間の差を個人内の反応時間の標準偏差で割ったものを用いる。これらの研究では、負の指標値が黒色マスクに対してネガティブな意味的連合を持つように割り当てられていた。逆に、正の指標値は黒色マスクとポジティブな意味的連合があることを示す。COVID-19流行前の測定では、この値は負であったが、COVID-19流行下では変容しただろうか。マスクを装着することが一般に浸透し、黒色のマスクの利用も増えた。マスク装着の規範意識の広がりと、黒色マスクを目にすることが増えることで、黒色マスク装着者と否定的な概念の連合の結びつきが減るならば、この指標値は流行前の測定値よりも〇に近づくことが予測される。鎌谷らは二〇二〇年七月から九月にかけて、測定を行った。その結果を示したものが図2-7である。顕在的な外見的な魅力の測定結果とは大きく異なり、黒色マスクとネガティブな概念との間の潜在的な連合にはCOVID-19流行によるマスク装着習慣が影響を及ぼすことを示す証拠は得られなかった。

7　小顔に見せる効果

マスク装着が見た目の魅力の向上に役立つと考える理由のひとつに、マスク装着は顔を小顔に見せる効果があるかもしれないという素朴な考えが挙げられる。二〇一六年一月からは「小顔に見えるマスク」という製品も販売されている。われわれの研究グループはこうしたマスク製品を製造する企業との共同研究で、実際に顔面下部の大きさ情報が顔の見かけの大きさに強く影響することを見出した（宮崎ら、2020）。研究の第一段階では、顔全体の大きさ知覚に、顔のどの部位の大きさ情報が関与するかを調べた。女性および男性の顔画像一三二枚について、あらかじめ二〇箇所の測定項目（たとえば目の大きさ、眼の高さでの顔幅、鼻下から顎までの長さなど）を決め、画像上での長さを計測した。そしてその計測された長さと、画像ごとに評定された見かけの顔の大きさの評定値との相関を算出した。その結果、顔全体の知覚された大きさと、顔面下部の大きさが強く正相関していた。具体的には、鼻や口の高さでの顔の横幅、顎の長さと、画像の知覚された大きさとの相関はそれぞれ女性顔で〇・五八（鼻）、〇・五二（口）、〇・五七（顎）、男性顔で〇・七〇（鼻）、〇・七六（口）、〇・六二（顎）（いずれも p<.01）であった。この相関は顔画像の性別に関係なく、同様に認められた。一方、顔面上部（額の長さ等）の長さは画像の知覚されたサイズと相関が弱かった。これらの結果は、ちょうどマスクで隠れる顔の下半分が顔全体の大きさの知覚に貢献していることを意味している。

この結果に基づけば、顔面下部をマスクで隠して、顔面下部の大きさ情報を見えなくすることで、顔の大きさ知覚が変わることも実証できるはずである。そこで、もともとの見た目の顔の大きさが異なる三群の顔画像を二二枚ずつ用いた。魅力測定実験と同様の手続で、評価対象の画像と質問項目だけを大きさ評定に入れ替えた。評定者はこれらの顔画像のマスク装着、または非装着顔を一枚ずつ見て、その見た目の顔の大きさを非常に小さい＝1から非常に大きい＝100の百段階で評定した。測定の結果、マスク非装着の顔に比べてマスク装着顔は顔が小さく知覚された。評価対象の顔が女性でも男性でも、マスク装着によって小顔に見える効果は生じた。このマスク装着による小顔効果は、もともと大きく見える顔の方が効果量は大きかった。

小顔効果はマスクによる遮蔽によって、平均化および錯視が生じたと考えることで説明できるだろう。マスクで顔の下半分を隠すと、先細りの顎や二重顎といった顔の大きさを判断するための手がかりが見えなくなる。そのため、もともと小さな顔は大きく知覚される一方で、大きな顔は小さく知覚される。すなわち、大きさを判断できる特徴がないのでどれも同じくらいの大きさに見える

（平均化される）。これと同時に、ある物体の一部を別の物体で遮蔽すると、遮蔽された側の物体は縮小して知覚されるという錯視が起きる（アモーダル縮小）。マスクで顔を隠すとこの錯視が起きることで、もともとの大きさに関係なく顔が小さく知覚される。これら二つの足し合わせが起こるので、マスク非装着顔にくらべて装着顔は顔が小さく知覚されたことが説明できる。また、もともと顔が大きい方がその小顔効果の大きくなったことも説明できる。

8　着香マスクによる花粉症の不快感低減効果

COVID-19流行前は、わが国で家庭用の使途でマスクが必要とされる理由の筆頭は、花粉症対策のためであった。花粉症のためにマスクをしていても、鼻をかんだり食事をするためにマスクを外したり、再装着したりしなければならなかった。このときの鼻の不快感を和らげるために、マスクの不織布繊維に香料を封じ込めたマイクロカプセルが埋め込まれ、不織布表面を叩くことで香りを発生できる製品がある。順応によって香りの主観的な強度は減衰しても、このカプセルは叩かれても全て一度に壊れるわけではないので、再装着の際に叩くことで再び香りを感じることができるとされる。前澤ら（2020）は、着香マスクが花粉症の不快感低減に及ぼす効果と、時間経過に伴うこの低減効果の推移を測定した。

花粉症をもつ四〇名の参加者が二〇一九年四月の平日に一日ずつ、合計二日調査に参加した。参加者を無作為に半数に分け、一方の群がミント着香マスクを初日に、統制として同型の無香マスクを二日目に装着し、残りの一群は逆の順序で装着するように計画した。参加者はそれぞれの日で六時間ずつ着用し、携帯端末を通じて鼻の不快感について定期的に回答した。実験開始を促す最初のメールは参加者にあて午前一〇時に送られ、参加者はマスク着用前の鼻の不快感を五件法で評定した。その直後、発香動作をした後にマスクを着用し、その時点での鼻の不快感を評定した。その後、一〇時三〇分、一一時、一二時、一四時、一六時に同様のメールを送り、その時点での鼻の不快感の回答を求めた。このとき着香マスクであれば発香動作を施すよう求めた。測定の結果から、着香マスクは無香マスクに比べて装着直後に鼻の不快感の低減が強く生じることがわかった。しかし、香りの有無に関わらず、マスク装着後の三〇分程度で不快感の低減効果は飽和した。したがって、着香マスクは装着してから三〇分後までの香りの印象が不快感の低減に大きく影響することを示しているといえる。

9　COVID-19 流行を通して気づいたこと

COVID-19 流行は、心理学研究の業界での自分の研究の位置づけについて振り返る好機となった。いままでは認知心理学を専門として注意に関わる研究をしてきたはずだったが、その本業のテーマでは一度も新聞で扱われることはなかった（勁草書房刊の『統合的認知・注意』の広告が出たことが唯一の例外)。一方で、二〇一六年に衛生マスク効果の論文を刊行した際、本務校がプレスリリースを出してくれたり、新聞等で取り上げてもらえたことで世間の反応を知ることができた。正直なところ、研究費の獲得を狙ってとか、研究業績リストを長くするためというような下心なしに、純粋な疑問で始めた研究のほうが世間の反応が大きいことに驚いていた。当時は、「国立大学の教員がこんなバカな研究に金を使うな」というコメントを貰ったこともある。予期せず起きたCOVID-19流行はこのバカな研究をしておいてよかったと思える出来事となった。マスクを装着したら顔の外見的な認識が装着しないときと異なるという当たり前のことであっても、その異なる程度や仕組みを心理学の手法で測定しておくことは何の無駄でもなく、むしろ二〇一六年当時の、後戻りして観察できないわれわれの認識の様態を記録できて幸いであった。ただし、何でも測定しておけば後からお宝に変化すると思えたわけではない。微細な条件設定だけを変えた研究（たとえば自分のしてきた注意研究のいくつか）は、いつまで寝かせても陽の目は見ないだろう。自信を持って他に例がないといえる対象や測り方をすべきなのだろう。刻々と変化する感染・収束状況に応じてマスク装着効果は変化するだろう。事態の収束に従って、二〇一六年当時の測定結果が再び現れるだろうか？　アジア以外でもマスク装着が一般化したが、諸外国でも顔認識は変容するだろうか？　終息後の訪日外国人のマスク装着顔をわれわれはどう認識するだろうか？　国際比較調査を通じて、世界各国におけるマスク着用動機にも目を向ける必要があるだろう。COVID-19騒動は早く収束してほしいと思うが、それまでに測定すべきマスクの装着効果は山ほどある。

第3章　オタク文化／カワイイ文化とその越境
——ポスト・コロナ状況下のコミュニケーション論の視点から

床呂郁哉

1　日本発のオタク／カワイイ文化の概要

現在、日本発のマンガ、アニメ、ゲームなどのいわゆるオタク系コンテンツであるとか、あるいは原宿発のストリートファッションであるロリータファッション、ゴスロリなどが欧米やアジアをはじめとする世界各地に越境して流通・消費されている。また越境していった先の場所の文脈に応じて独自の変容や新たな創造性を発揮していることも少なくない。

こうした現象は二〇世紀後半から徐々に顕在化していたが、二〇二〇年代に入り、世界的に新型コロナ感染症が蔓延したパンデミックの状況下でも、消え去ることなく持続するトレンドであると言えるだろう。

本章では、「オタク文化」「カワイイ文化」等と総称されることもあるこうした日本発の（ないし日本と関係の深い）ポピュラー文化をめぐる状況や内実に関して、「カワイイ（kawaii）」というキーワードに焦点を当てながら、紹介、検討していきたい。最終的には、この作業を通じて、ポスト・コロナ状況下におけるコミュニケーションのあり方や生き方へのヒントを提示することも試みてみたい(1)。

2　海外におけるオタク文化、カワイイ文化

一九九〇年代以降から二一世紀にかけて、日本発のマンガ、アニメ、ゲームなどのいわゆるオタク系コンテンツが世界各地に越境し、現地で流通・消費されるようになっている。こうしたコンテンツは、海外各地のローカルな文脈に応じて独自の変容や新たな創造性の発揮していることも少なくない(2)。

今では「オタク（otaku）」や「萌え（moe）」といった言葉は、日本発のサブカルチャーやコンテンツを語る際のキーワードとして海外でも定着しつつある（Galbraith, 2019）。こうした日本のサブカルやコンテンツの海外での普及を背景に、コスプレや同人誌などの二次創作も欧米やアジアの若者文化、とくに日本のアニメやマンガ等のオタク系コンテンツのファンダムの間で浸透しつつある。欧米やアジアでは毎年、定期的に大小さまざまな規模のコミケやコスプレ・イベント（以下「コス

イベ」）が開催されている。

またこうした広義の「オタク文化」と時にオーバーラップし、またときにズレながら、日本の原宿発のストリートファッションであるとか、J-POPなどを含めた複数のジャンルで「カワイイ（kawaii）」をキーワードとする「カワイイ文化」も海外の一部の若者層を中心として影響を及ぼしつつある。現在では日本発のマンガ、アニメ、ゲームなどのいわゆるオタク系コンテンツであるとか、あるいは原宿発のストリートファッションであるロリータファッション、ゴスロリなどが欧米やアジアをはじめとする世界各地に越境して流通・消費されている。また越境していった先の場所の文脈に応じて独自の変容や新たな創造性の発揮していることも少なくない。「カワイイ（kawaii）」や「萌え（moe）」といった言葉は、日本発のサブカルチャーやコンテンツを語る際のキーワードとして海外でも次第に定着しつつある。

3 「カワイイ文化」のフィールドワークから

ここでは筆者（床呂）による海外でのフィールドワークで得た資料をもとに、欧州（英国）と東南アジアにおける「カワイイ（kawaii）文化」の具体的事例を紹介してみたい(3)。

たとえばロンドンで毎年開催されるハイパー・ジャパン（Hyper Japan）は日本文化を紹介する博覧会的イベントとして国際的に有名である。同イベントは二〇一〇年から毎年夏と冬の二回開催され、二〇一八年には計八万人の参加者を数える大規模なものである。筆者は調査のため二〇一九年夏に同イベントを訪問・参加した。会場では日本のアニメやマンガのキャラクターに扮したカラフルなコスチュームを身に纏ったコスプレイヤーらで溢れていた。

4　カワイイの多義性――キモカワ、グロカワ、エロカワetc

ハイパー・ジャパンでは、数多くのコスプレイヤーに交じって、原宿発のいわゆるロリータファッションを身に纏った若い女性も少なくない。ひときわ目を引いたのは、看護婦の白衣のコスプレをしながらも、その顔や衣装にはフェイクの血糊で毒々しいメイクをした女性だった。話を聞けば、それはアニメなどの特定のキャラクターではないのだが、ジャンルとしては概してyami-kawaii（「病みカワイイ」）と称されるファッションとのことだった。他にも会場では、手にリストカットの（フェイクの）メイクをし、いわゆるメンヘラのコスプレをした女性など、こうした「病みカワイイ」ファッションを身に纏った者を複数、確認することができた（図3-1）。

こうした病みカワイイ系のファッションも、もともとは原宿に由来する日本発のストリート・ファッションの一種であるが、あえて血糊や包帯、リストカットや傷跡、メンヘラ的なメイクなどの不気味で「醜い」造作をコスプレするという事実は、「カワイイ文化」を考察する上でも極めて興味深いものがある。

そもそも日本の文脈における「カワイイ文化」においても、気味が悪い、醜いということと、「かわいい」こととは、けっして対立するイメージではなく、むしろ重なりあい、互いに牽引し、依存しあって成立しているとも指摘される（四方田、2006: 80）。

また斎藤（2014: 98–99）によると、「かわいい」には「小さいこと」「幼いこと」「グロテスク」「残酷」「従順」「生意気」「愚かしさ」「賢しら」「人工性」「エロス」「タナトス」といった、相矛盾する多彩な要素が含まれているとされる。

興味深いのは、こうした考え方は何も研究者・評論家や分析者の側だけの見解ではなく、クリエイターやファッション・デザイナーなど、「カワイイ文化」の担い手である当事者によっても同様に語られていることだ。

図 3-1　ロンドンのコスイベで「病みカワイイ」ファッションに身を包むイギリス人の若者

たとえば、原宿を拠点に世界に向けて「カワイイ文化」を発信しているデザイナーであり、きゃりーぱみゅぱみゅのMVのコンセプトを担当したことでも知られる増田セバスチャンの語りはその典型である。彼は、自著（増田、2018）の中で「カワイイとグロテスク、明るいカラフルと暗い狂気感。そうして相反する要素がひとつの作品の中で両立していないと、増田セバスチャンのカワイイは成立し」ないと語る。

5　東南アジアなど海外に広がる日本のカワイイ文化
――コスプレ、萌え、腐女子

日本発の「カワイイ文化」は近年の東南アジアにおいても浸透しつつあるが、その中にはローカルな社会・文化的な文脈に応じて独自の展開をしている場合もある。その一例として、いわゆる「ヒジャーブ・コスプレ」を紹介したい。もともと日本のアニメやマンガ、ゲームなどのキャラクターのコスプレは、東南アジア各地でも現地のファンの間で普及しており、毎年コスプレに関する各種のイベントが盛んに開催されている(4)。

このうちインドネシアやマレーシアをはじめムスリム（イスラーム教徒）が人口の多数を占める地域では、イスラームの価値観や規範に沿う形で、ムスリム女性が髪の毛を隠すヒジャーブ（スカーフ、ベール）を着用したままでコスプレを演じるというスタイル――「ヒジャーブ・コスプレ」――が目を引く。このスタイルにおいては、演じるキャラクターの髪の毛に模したメイクをヒジャーブにうまく施すなど、一種のブリコラージュ的な創意工夫を巧みに活用している例が少なくない（図

3-2)。

イスラーム的価値観と日本発の「カワイイ文化」の混淆とでもいうべき事例は「ヒジャーブ・コスプレ」だけに留まらない。東南アジアのムスリムの間でもフェイスブックやインスタグラムをはじめとするSNSの使用が急速に浸透しつつあるが、そこでのムスリム女性の使用するアイコンの画像などを分析すると、日本の「萌え」系のキャラクターを使用しつつ、それにヒジャーブを着用させたような画像であるケースも見受けられる。他にもムスリム女性向けのマンガであるとか、ムスリム女性向けの化粧やメイクアップ等の指南書の類でも日本のアニメ・マンガ風に描かれたカワイイ女性キャラクターを登場させるような事例も少なくない

図 3-2　ヒジャーブ・コスプレをするマレーシアのコスプレイヤー

また日本の「腐女子」の文化もマレーシアやフィリピンなどである程度浸透しつつある。現地のコミケ・イベントでは日本と同様にいわゆるボーイズラブやヤオイ系の同人誌（日本から輸入されたものの他、現地で制作・出版されたものを含む）やファンアートの類を販売するブースなども存在する。

そうした同人誌やファンアートにおいては、いわゆるショタ系を含む比較的年齢の若いカワイイ男の子を描いた作品も見受けられる。

6　バーチャル・アイドル

実在しない仮想的なキャラクターをアイドルとして受容するという文化現象は、最近のいわゆるVTuberの流行などで顕著だが、実は日本では一九九〇年代から実践されていた。そのはしりのひとつが、一九九六年当時の伊達杏子（Date Kyouko）プロジェクトであり、これはホリプロが実際のアイドルのプロモ手法を使用してバーチャル・アイドルを商業化したものであった。これは３Ｄポリゴン CG のキャラクターを仮想的なアイドルとして売り出すという試みだった。その後、女性アイドルグループのＡＫＢ48でも江口愛実（Eguchi Aimi）という名の仮想キャラクターを、江崎グリコの氷菓「アイスの実」のプロモーション等で使用する試みがなされている。江口はＡＫＢ48のメンバーであるという設定になっていたが、実際にはＡＫＢ48メンバーの顔パーツを CG で組み合わせて誕生した架空のメンバーである。

こうした萌芽的な試みの後は、より二次元アニメ・キャラクター的な顔の造形と、疑似３Ｄ的な身体性を表現したバーチャル・アイドルが主流化していく（Saito, 2020: 153）。なかでも、初音ミクをそうした試みの最大の成功例として挙げることができる。初音ミクはクリプトン・フューチャー・メディアから発売されている音声合成・デスクトップミュージック（DTM）用のボーカル音源、およびそのキャラクターである。こうしたキャラクターは、またファン独自の改変・二次創作の対象になっていった。初音ミクやその他のバーチャル・アイドルは、いわば参加型のファンダムの行動を通じて日本のみならずグローバルに人気が高まっていった（図3-3）。

初音ミクをはじめとするバーチャル・アイドルの身体造形は、コンピュータCGを使用してもそれが人間のリアルな身体性を再現することは重視されない。むしろ意識的に「アニメ的な身体性」として記号化され、フラットな身体性を模倣し、あまり身体の陰影は強調しない、場合によっては過剰なまでに目を大きくする、などの特徴が指摘されている（ibid）。これは日本のSNSでの女性「盛り」写真とか、コスプレでの方向性にも通じる点があるともいえるだろう[5]。

図3-3　初音ミクのコスプレをするフィリピンのコスプレイヤー

そこではむしろ三次元的なリアルな「そのまま」の身体性を捨象し、目を大きくし、肌の凹凸や輝度のノイズを消して平坦化するような方向にレタッチする。つまりここでは一種の逆転が生じている。最初にリアルな世界やリアルな生身の身体があって、それをアニメで単純化・記号化・デフォルメして「表象」するというオリジナル／コピー、リアル／仮構、実体／記号、三次元／二次元、真実／嘘というハイアラーキーは逆転し、むしろ若い女性レイヤーなどは〈アニメ的〉で〈記号的〉な身体性を理想としてそこに近づけるように努力するというような現象である。これは後で詳しく述べる二次元的な記号へのフェティシズム的欲望の延長線上にあるものとして考えることができるだろう。

初音ミクやその他のバーチャル・アイドルは、こうした二次創作やボカロによるファン動画の投稿などの参加型のファンダムの行動を通じて日本のみならずグローバルに人気が高まっていったことも指摘されている（ibid）。こうした複数メディアに跨る参加型ファンダムの世界においては、もはや単純なコンテンツの生産者／消費者という二分法は成立せず、むしろコンテンツの生産と消費が限りなく接近したような形をとっているとされる（須川，2018: 119-120）。

この点は、先に挙げた「腐女子」をはじめとするオタク・コミュニティにおける同人誌であるとか、あるいは後で詳しく述べるコスプレなどにも共通する広義の二次創作的な表現にも共通すると言える。コミュニケーションという観点から観たとき、日本のオタク文化においては、一方向的な生産者→消費者というコンテンツ（メッセージ）の流れではなく、いわば双方向的にコンテンツ（メッセージ）が発信＝受容されているという点を顕著な特徴として挙げることができるだろう(6)。

7　戦闘美少女

また、近年の東南アジアのオタク的なファンのあいだで、いわゆる「戦闘美少女」モチーフも人気のあるコンテンツの一つである。「戦闘美少女」とは、たとえば『セーラームーン』の美少女キャラクターだとか『風の谷のナウシカ』の主人公のナウシカ、あるいは庵野秀明『新世紀エヴァンゲリオン』の綾波レイなどに典型であるが、日本のアニメやマンガなどで登場する美少女キャラクターを指す。彼女らは、まだ完全な成人とは言えないティーン層の少女として設定されており、いずれも一見すると普通の少女でありながら、実際には敵とのバトルでは高い戦闘能力を示す、といったパターンのキャラクター設定が典型的である。斎藤環（2006）はこのモチーフを一九九〇年代以降の日本のオタク文化に固有の代表的な特徴として指摘したが、現時点では東南アジアのオタク層のあいだでも「戦闘美少女」は人気のあるモチーフとして浸透しつつある(7)。

「戦闘美少女」がいわゆるサイボーグものSFの主要キャラクターとして登場するジャンルも日本のオタク文化において典型的である。たとえば『攻殻機動隊』『銃無』の双方ともに戦闘美少女キャラクターが主人公である。そうした戦闘美少女の身体は機械によって代替されているにも関わらず、作品内では女性の身体として特徴が刻印され、男性の目線から理想化され、性的身体としてフェティッシュ化された身体であると指摘される（Suzuki, 2020: 113）。『攻殻機動隊』における草薙素子や、『銃無』のハリウッド・リメイク版『バトルエンジェル・アリータ』におけるアリータなどの戦闘美少女は、両作品とも若い成人男性（ヤングアダルト層）向けの週刊誌で連載されたマンガという事実を背景とする指摘もある。しかし少女向けないし一般向けのマンガやアニメ、ゲームでも『セーラームーン』や『風の谷のナウシカ』など、戦闘美少女のモチーフは頻出する。またコスプレなどでも戦闘美少女キャラクターは人気がある（図3-4）。

図3-4　戦闘美少女的キャラクター（ゲーム『ニーア・オートマタ』の通称「2B」を演じるフィリピンのコスプレイヤー

こうした近年の日本をはじめとする内外のオタク文化やSFなどのポピュラー・カルチャーに頻出するサイボーグ化された女性というアイコンを、男性目線での男性の欲望のファンタジーが生んだというよりは、むしろ女性のエンパワメントという観点から見る立場もある。そうした立場の理論的背景のひとつは、フェミニズムの理論家であるドナ・ハラウェイによるいわゆるサイボーグ・フェミニズムと称される考察だ。ハラウェイは、その著書において、人間／機械、人間／動物、リアル／非リアルという三つの境界を越境していくような存在としてサイボーグというアイコンの文化的意味を考察している。

この文脈において、たとえば『攻殻機動隊』の主人公である草薙素子について、サイボーグの身体性を通じて、既存のジェンダー的な役割（例：女性は概して戦闘の役割に向いていないとされる）だとか生身の人間のもつ身体や意識の限界などを越境するような存在として考察することも可能だろう（Saito, 2020, p. 154）。同様にアリータは、廃物の部品から寄せ集められて形成されたサイボーグということで、通念的（近代的）な単独の主体の概念ではなく、脱中心化された断片化（フラグメンテッド）された主体というサイボーグ宣言でも称揚される理念と共振するとされる（ibid）。

他方で女性サイボーグ・アニメは、主に男性向けのコンテンツとして消費されるため、そこでは女性の裸体に近い性的身体とメカ（ガジェットを含む機械と接合された身体）へのフェティッシュ的な欲望が融合された形で消費されているとの批判を受けることもある。『攻殻機動隊』の作者である士郎正宗は、なぜ女性サイボーグを描くのか、という質問に答えて、男性にとっては女性の身体を描く方が楽しいと回答している。同じく（セクシャルな要素を孕んだ）女性の身体と、高性能で最先端のメカを駆使した戦闘シーンの組み合わせは男性の視聴者にとって視覚的に魅力的だと指摘される（Saito, 2020, p. 154）。同じく士郎正宗が原作のアニメ『アップルシード』『アップルシード・エクスマキナ』（漫画は一九八八年、アニメは二〇〇四年）においてもフェミニンな身体と高い戦闘能力を兼ね備えた典型的な戦闘美少女が登場する。

8　日本発のオタク／カワイイ文化の表現形式
——写実的表現と記号的表現の混淆や並置

今では欧米やアジアなどにも越境して消費されつつある日本発のオタク／カワイイ文化であるが、ここでは、このうちマンガやアニメ、コスプレなどの表現形式の特徴とは何なのかという点に関して考えてみたい。

結論を先取りして言えば、その顕著な特徴の一つは、写実的表現と記号的表現、二次元的表現と三次元的表現の混淆や並置、統合という点である。たとえば士郎正宗は、大友克洋に影響を受けつつも、その原作マンガ版では、「チビ・スタイル」と称される、登場人物の顔と身体を丸く小さくデフォルメした（いわば「マンガ的」な）スタイルで描く場面を挿入して、やや緊張を解くような技法が採用されており、これは押井守のアニメ映画版での、よりシリアスで暗い描写スタイルとは非常に対照的であることが指摘されている（Suzuki, 2020, p. 114）。

これは士郎のマンガだけに限定される点ではない。たとえば二〇二〇—二一年にかけて日本はもとよりアメリカでも大ヒットを記録したアニメ映画として『鬼滅の刃』の例を見てみよう。『鬼滅の刃』は吾峠呼世晴による原作マンガ版においても、また後にテレビシリーズ化・映画化されたアニメ版においても、シリアスな戦闘や殺傷シーンにおける相対的に写実的な身体の描写や表現とともに、それ以外の日常的なキャラクターの場面での、ときにユーモラスなやり取りが随所に登場する。そうした場面では、キャラクターの身体や表情などをコミカルに誇張して描いた、いわば記号的な表現が多用されており、ひとつの作品内で並置・混淆されていることが大きな特徴である。いわば写実的身体／記号的身体の並置として概括することができるだろう。

さらに言えば、この写実的表現／記号的表現、二次元的表現／三次元的表現という異なる表現スタイルの混淆や並置、統合という技法は、『鬼滅の刃』だけに留まらず、日本のいくつかの主要アニメ作品等にも共通する特徴であり、たとえば庵野秀明監督によるアニメ『エヴァンゲリオン』シリーズ、あるいは新海誠による一連のアニメ作品にまで通じるスタイルだと言える。たとえば新海アニメでは、あたかもカメラレンズの絞りを開放値で撮影したかのようなボケを感じさせる空間表現などをアニメで表現し、二次元平面上なのに三次元的な空間の奥行き（被写界深度）を意識させるような表現などに充ちている。これによって、新海アニメにおける相対的に写実（写真）的な背景と、あくまで平面的なキャラクターの並置という技法の対比が引き立つような構成となっていると言えるだろう。また庵野秀明監督による『シン・エヴァンゲリオン劇場版Ⅱ』（二〇二一年公開）のラストシーンでは、まさに現実の宇部新川駅の風景を背景にアニメのキャラクターが動くという混淆的技法を明示的に採用している。こうしたスタイルの混淆的な技法は、大友克洋の映画版『AKIRA』に遡って考えることも可能であり、そこでも緻密な背景などの描写と、大友の中では比較的、記号化されたキャラクターの組み合わせ（初期の大友はキャラ自体もかなりリアリズムでアジア人的な身体を美化せず再現する指向性が相対的に強かったと指摘される）が存在することに気づかされる。

もちろん、これは何も日本のアニメやマンガの専売特許ではなく、たとえばアメリカのピクシーなどの動物キャラクターを用いた３Ｇアニメーション作品等でも稀に散見される手法ではあるのだが、特に日本の二次元セル・アニメーションにおいては三次元性の表現が逆に顕著に模索な特徴として気づかされることが少なくない。これは、翻って考えると、一面では先に述べた日本のオタク文化における記号的・二次元的身体へのフェティシズムと関連して考える際に極めて興味深い論点であるとも言えるだろう。これに関連して森川は著書（2003）『趣都の誕生』でこの二次元フェティシズムを指摘している。そこでは実際のリアルな身体のマテリアリティを消去した、アニメ的でフラットな身体表面こそがエロティックなものとして欲望の対象となるとされる。こうした二次元フェティシズムは欧米や東南アジアの男性オタクにも一定の受容を見せている。Waifuという呼称で、二次元キャラクターをフェティッシュ化して欲望する。たとえば、日本のオタク文化に強い影響を受けたことを隠さないマレーシアの同人マンガ作家のマサトは、自虐的に、「最近の若者はリアルな恋愛でなくて二次元のキャラクターに現を抜かして情けない」「そうだよねミクちゃん？」と初音ミクに話しかけるオタクをマンガで描いて戯画化している。また初音ミクをはじめとするバーチャル・アイドルも海外で根強い人気を誇り、海外コスプレイヤーが演じる「定番」キャラクターの一つであると言えるだろう。

ただし先に述べたように、注意すべきなのは、海外においても日本におけるオタクのファンダムと同様に、こうした二次元的・記号的な身体へのフェティシズムの傾向と同時に、他方では、場合によってはそれが、より写実的で三次元的な身体表現などと、ときには葛藤や緊張を孕みながら並置・混淆される場合がある点も顕著な特徴であることは付言しておくべきであろう。この点に関しては次節で、コスプレを題材に、さらに検討していきたい。

9　海外に越境するコスプレ文化——東南アジアを題材に

現在では欧米やアジアなど海外各地でコスプレ文化が受容され、（二〇二〇年以降のコロナ・パンデミックで一時的に停滞を余儀なくされるまでは）現地のファンのあいだでコスプレ・イベントなども盛んに開催されてきた。たとえばフィリピンでは「コスプレ・マニア（Cosplay Mania）」などの、大規模なコスプレ・イベントが毎年マニラやセブなどの都市で複数回、開催されている。ここでは筆者がフィールドワークを実施してきた東南アジア、とくにフィリピンとマレーシアを対象にコスプレに関して紹介と検討を行いたい(8)。

筆者が参加することのできたフィリピンとマレーシアの大小のコスイベでは、いずれも日本のアニメやマンガ・ゲームのキャラクターを演じるコスプレイヤーが多いが、イベントによってはマーベル・シリーズなどアメコミ映画のキャラクターが多いような場合もある。

さらには、もともとのキャラクターの姿にかなり修正や変更を加えた、いわば自己流にアレンジ／カスタマイズしたコスプレイヤーの姿を目にすることも稀ではない。

東南アジアにおけるコスイベなどの現場に参加して印象的なのは、女性コスプレイヤーが男性キャラクターに扮する（ＦｔＭ：Female to Male の異性装）行為や、あるいは逆に男性コスプレイヤーが女性キャラクターを演じる（ＭｔＦ：Male to Female）などの、いわゆる異性装のコスプレが顕著で日本などと同じくかなり一般化していることだ。こうした異性装のコスプレは一般に英語圏ではクロスドレス（cross dress）と称され、東南アジアのコスプレイヤーのあいだでもその呼称が浸透しつつあり、本章でもこの表現を用いることとする。

10　コスプレにおける越境的な身体表現

現在、フィリピンはもちろんのこと、ムスリムが多数を占めるマレーシアにおいても、いわゆるオタク層の間でコスプレが浸透し、そこでは国境、民族、宗教、ジェンダーなどの何重もの差異や境界（バウンダリー）を越えていく、いわば越境的な身体表現が垣間見られると言える。本節ではこうした越境的な文化実践を、先行研究などに照らして、やや抽象的な次元から検討することを試みたい。

ここ二〇年ほどでマンガやアニメなどいわゆるオタク系のコンテンツに関する学術研究は急速に

進展しつつあり、多様なアプローチや問題関心からの研究が蓄積されつつある。こうした先行研究の中で、本章の文脈でとくに参考になるものの一つとしてS・ネイピアによる著書（Napier, 2007）を挙げることができる。同書はアニメやマンガなど日本発のポピュラー・カルチャーの（主にアメリカを中心とする）西洋での受容の現状に関して論じたものであるが、その中でネイピアはコスプレに関しても言及している。

彼女によるとアニメ・コスプレは、「最も高度なレベルの創造性を発揮しうる遊びの場（サイト）」であり、また場合によっては、価値転倒的／破壊的なポテンシャル（subversive potential）さえも有するとされる（Napier, 2007, p. 211）。

図 3-5　『鬼滅の刃』のグループコスプレ。マレーシアのコスイベにて

ネイピアに言わせると、身体の変容の技法という観点で重要なポイントとしては、アニメ・コスプレは生まれたときの身体的な特徴などの限界を超え出ていく可能性をファンに与えると指摘している点だ。すなわち、アニメ・コスプレを通じてコスプレイヤーは、生まれつき備わった人種やジェンダー

や国籍や種の境界さえも超えて、他者に変身するという可能性である（Napier, 2007, p. 167）。こうしたネイピアの主張は、筆者が海外のコスイベなどの現場で見聞してきた状況とも合致することが多く、まずは議論の出発点としては妥当なものだと言えるだろう。

たとえばコスプレでは、先に紹介したようにクロスドレスを実践することを通じて、見かけ上のジェンダー境界を（たとえ一時的で想像上の次元であったとしても）越えることを可能にする。また、日本人や中国人のアニメ・キャラクターを演じるフィリピン人やマレーシア人のコスプレイヤーたちのように、生まれ持った国籍や民族的アイデンティティを仮想的に越境しうるだろう。さらには動物だとか、ロボット、妖怪、怪物、鬼、ミュータント、異星人などといった人間ならざる非人間（nonhuman）のキャラクターへの変身さえも不可能ではない（図3-5）。

要するに概して生得的な自己の身体がもつ（性別、国籍、人種その他多くの）属性に規定されたアイデンティティの束縛を抜け出て、普段の自分とは全く異なる属性やアイデンティティを備えた「他者」に変身する技法としてのコスプレという指摘である。ただし、コスプレが持つ変身の可能性や創造性のポテンシャルを、ネイピアの議論のようにそこまで留保なく称揚できるのかと言う点に関しては次に述べるように疑問がないわけでない。

11　「変身」や越境にともなう摩擦やコンフリクト

先に述べたように、ネイピアの議論では、概してコスプレにおける創造性の発揮や、人種やジェンダーをはじめとする生得的な身体の束縛や境界を文化的に越境して他者へ変身するポテンシャルなどの解放性が称揚される。この議論は、複数の多様なアイデンティティの選択と変容などを肯定する、いわゆるポストモダン的なアイデンティティ論とも整合性が高いと言える。

しかし、ここで一つ残る疑問は、文化的「越境」はそこまで自由で限界がないものなのだろうかという点だ。言い換えれば越境には摩擦や新たな境界形成も付随しうるのではないか、という点である。実は近年のコスプレイヤーのコミュニティは、こうした疑問と無関係ではない一連の出来事や問題に直面している。その端的で代表的な事例の一つがいわゆる「ブラックフェイス論争」であるとか、それに関連したコスプレにおけるレイシズム、文化盗用等をめぐる論争である[9]。また、より仔細なレベルでは、異なるジェンダー、体格のキャラを演じる際の批判等のいわゆるルッキズムなどの問題も連続的なものとして考えることができるかもしれない。

すでにネイピアの先行研究に関して述べたように、コスプレはマンガやアニメなどのジャンルに端を発し、またキャラクターなどを含めて深く関係するものである。しかし、また他方でコスプレは他のジャンルの表現とは大きく異なる側面も兼ね備えている。まずマンガやアニメは、ネイピアの指摘するように、二次元平面上で、架空のノン・レファレンシャルなキャラクターをクリエイターの意のままに創造（想像）して描くという、比較的自由度の高いメディアであると言えるだろう。これに対して、コスプレにおいては、コスプレイヤーの生身の身体それ自体をメディア（媒体）にして二次元のキャラクターを演じるという表現手法であり、それゆえにルッキズムやエイジズムを含む特有の困難や問題から必ずしも無縁ではない。

以上の問題をまた少しだけ異なる視点から検討する上で参考になるのが、マンガ評論の文脈における、大塚英志によるいわゆる「アトムの命題」という議論である。自らマンガ編集者・原作者を経て、その後マンガ評論家などとしても知られる大塚は、その著作（大塚、2009）のなかで「アトムの命題」として知られる議論を提起したことで有名である。複数の論点がある大塚の議論だが、本章の文脈に関係する点に限って雑駁にそのポイントを要約すれば、手塚治虫の登場に始まる戦後日本のマンガの歴史というのは、記号的で平面的（二次元的）なメディアであるマンガのキャラクターを通じて、いかにして三次元的な生身の身体、傷つき、血を流し、死ぬ身体を表現するのか、という困難な課題と格闘してきた歴史として理解しうるというものである。（大塚、2009, p. 222）。

この整理を踏まえて述べるとするならば、コスプレという表現技法は、まさに大塚が日本のマンガに関して提唱する「アトムの命題」の、いわば「逆問題」として理解するのが妥当ではないだろうか（床呂、2021, pp. 86–88）。すなわち、二次元的で記号的な（本来は成長も老化もせず、傷つきも死ぬこともない身体を有する）マンガ的キャラクターを通じて、成長（老化）し、傷つき、死んでゆく身体性を備えたリアルな人間をいかに描写するのか、という「アトムの命題」とは逆に、コスプレにおいては、むしろ、放っておけば成長し、老化し、やがて死んでゆくリアルで生身の（三次元的）身体を使って、いかにして二次元的なキャラクターを表現・再現するのか、という点こそが課題として浮上してくるのだと言える(10)。

12　ポスト・コロナ時代の「萌え」――コロナウイルスの擬人化表現をめぐって

こうしてマンガやアニメ、コスプレなどのカワイイ文化やオタク文化の多様なジャンルは、今では日本から欧米やアジアなど各地に広がっていると同時に、そのプロセスにおいてはときに文化的、社会的な摩擦や緊張を伴いうる点を指摘してきた。こうした文化的越境をめぐる文化的な摩擦や衝突という問題は、二〇二〇年以降のコロナ・パンデミックの状況と関係して思いがけず顕在化することもある。その一例として、ここでは新型コロナウイルスのいわゆる「萌え」化（「萌え」キャラへの擬人化：moe-fy）をめぐる議論を挙げてみたい。

実は過去にも、エボラウイルスなどの病原体が擬人化されて表現されることは度々あった。たとえば、二〇一四年の西アフリカエボラ出血熱流行に関連付けられる「エボラちゃん」というキャラクターが英語圏の画像掲示板やフォーラムで拡散されていたことが知られている。そして二〇二〇年初めから世界的にコロナ・パンデミックが猖獗を極めていく過程で、コロナウイルスもさまざまなメディアにおいて擬人化されてイラストレーションされるようになった。なかでも、それを日本のマンガやアニメのようなタッチで、美少女「萌え」キャラとして表現したことで知られるのが「コロナちゃん」である。このコロナちゃんは、二〇二〇年一月半ばに4chan（英語の掲示板）で初めて制作されたとされる（以下、Wikipedia（2021）より引用）。

「コロナちゃん」は赤いチャイナドレスを着用し、コウモリの翼を持った少女で、髪の毛にウイルスを象徴する棘の付いた球体を付けている。コロナビールを手に持ち、しばしば酩酊しているとされる。五星紅旗を掲げ、コウモリのスープを手渡すことがある。（略）4chanでは「科学者がコロナちゃんを創造した」というタイトルのスレッドに、新型コロナウイルスが武漢ウイルス研究所で作られたと示唆するゼロヘッジの記事をリンクした投稿がなされた。

ヴァイス・メディアのサマンサ・コールは、明らかに中国人として認識できるこのキャラクターは人種問題において攻撃的な側面がある一方、暗いニュースの連続に気楽な休息を与えている機能もあると指摘した。中華人民共和国のメディアである新浪は、このキャラクターの初出が日本であると誤報し、キャラクターの特徴について日本鬼子（「日本鬼子」はもともと中国における日本人への蔑称を「萌え」化したキャラクター）と比較した（引用終わり）。

本稿を執筆している二〇二一年六月現在でも、「コロナちゃん」のさまざまなイラスト画像などをネット上で確認することができる。また「コロナちゃん」以外にも各種のコロナウイルスの擬人化されたキャラクターが世界各地で登場しているが、日本のマンガやアニメの影響を伺わせるものとして台湾の保健省によるものを挙げることができる（台湾フォーカス、2020）

こうして擬人化されたウイルスの表現のうち、特に「コロナちゃん」をめぐっては、各地で少なからぬ論争や摩擦も生じているのも事実だ。たとえば、非中国人の女性が「コロナちゃん」のコスプレをした写真をネット上に掲載した際に、中国のユーザーから人種差別的だとの批判を受けて当該コスプレイヤーが謝罪するという事象が発生した。有名なアメリカ人コスプレイヤーのヤヤ・ハンは、コロナちゃんのコスプレはナチスのコスプレと同じくらい受け入れられないと述べ、他のコスプレイヤーにコスプレの題材を慎重に考えるように警告した。一方で、コロナちゃんのコスプレには差別や侮辱などの意図はなく、感染症の予防のために手を洗うことの重要性を伝えたかっただけだ、などと擁護する意見も少数ながらネットで散見される。

翻って考えると、このコロナちゃんは、日本のマンガ『働く細胞』における「血小板ちゃん」などの、人体細胞を女性キャラクターに擬人化したものの系譜として位置付けることもできるだろう。さらに言えば、先に確認したように、日本のカワイイ文化の文脈においては、萌えキャラなど「かわいい」キャラクターも、それは単なる cute や pretty ではなく「かわいさ」の中のグロさ、病、死のモチーフが潜在的に含意されていることがあるという点も、コロナちゃんという萌え擬人化を考える上でも示唆的だと思われる。

これは、逆に言えば、怖い対象、未知の、理解不可能で恐るべき対象、恐怖や畏怖の対象、ないしはグロテスクで醜悪なものをかわいらしく擬人化することで情動的に飼いならす働きがあることと関係している。事実、コロナちゃんに限らず、政府や保健当局その他の考案したコロナウイルスに関する啓発イラストから子供を含む一般人が自発的に描いたイラストにおいて、同ウイルスを「かわいらしく」擬人化して表象した例は枚挙に暇がない。

アルチンボルドの有名な騙し絵などのパレイドリア現象のように、あらゆる事物をともすると擬人化してしまうヒトの本性の進化史的な基盤から考察する議論なども存在する。こうした議論をヒトとヒト以外の無生物や人工物との関係にまで拡張したのが、認知科学者のノーマンの議論だ。ノーマンによると、対象が生物であれ何であれ、何にでも情動的な反応を読みとろうとする傾向が人間にはあり、その基盤として長い進化史的な背景を指摘する。このため、ときには無生物に対してさえ、人間の情動に擬えて解釈することがあるとされる[11]（ノーマン、2004, pp. 181–182）。

翻ってみれば、コロナちゃんに関しては、ウイルスの擬人化表現それ自体が問題というよりは、それが特定の国や民族・人種・エスニシティ（中国人ないしアジア系）などを想起させるような表象になっており、コロナに関係する人種差別的なヘイト犯罪や事案が実際に生起しているような状況下で人種的ステレオタイプ（「アジア系＝病原体」）を助長しかねない点、すなわち半ば無自覚なレイシズムとも相関関係にあると考えられる点が問題であるだろう。

このように本章ではアニメ、マンガ、コスプレなどをはじめとする日本発のポピュラー文化（オタク／カワイイ文化）の特徴と、その越境をめぐる諸相を検討してきた。アニメやマンガ、コスプレあるいはカワイイファッションなどのスタイルは、現在では欧米やアジアの広い地域に越境し重要視され、場合によっては本章で触れたヒジャーブ・コスプレであるとか、最後に取り上げたコロナウイルスの「萌え化」としての「コロナちゃん」の事例のように独自の発展を見せながら展開しつつある。こうした日本発のポピュラー文化の特徴としては、カワイイ文化に関して論じたように、「かわいい」「cute」というメッセージと同時に、場合によってはそれと一見相反するような多様なメッセージ（グロさ、気持ち悪さ、残酷さ、エロス etc.）などを同時に意味しうる、きわめて複雑で多義的な身体的表現を伴うコミュニケーションであることを確認した。

またバーチャル・アイドルの事例で言及したように、記号的・二次元的な身体表現へのフェティシズム的嗜好を指摘する研究が存在することを確認したと同時に、場合によっては、記号的（二次元的）な表現とより写実的（三次元的）な表現の鬩ぎ合いや並置・混淆なども看過できない点をコスプレなどの事例を参照しつつ指摘した。また場合によってはマンガ・アニメとコスプレなど、細かいジャンルに応じて身体的表現やコミュニケーションのベクトルが異なりうることを、「アトムの逆命題」という概念を参照しつつ確認した。

こうして、潜在的に豊かなコミュニケーションの様式を特徴とする日本発のポピュラー文化であるが、ポスト・コロナ時代での展開を考える上では、その海外への越境などに伴う課題もまた存在する。本章の最後に紹介した「コロナちゃん」のイラストやコスプレめぐるネットユーザー間の論争は、こうした越境に伴う摩擦を端的に象徴していると言える。このように、ポスト・コロナ時代において、ときに摩擦を生じうることを認識しつつも、コミュニケーションにおける意味の多義性や記号性／写実性の並置、あるいは同人誌やコスプレ等を含む多様な二次創作的メディアに代表されるファン参加型の消費スタイルを含む、豊かなコミュニケーションの可能性を特徴とする日本発のポピュラー文化のさらなる展開に注目していきたい。

注

(1)　本章における「日本発の」という表現はあくまで便宜上のものであり、この表現を使用するからと言って、いわゆるオタク／カワイイ文化の全ての側面や要素が日本にのみ特権的な起源を有する、ということを意味するものではない。たとえばマンガ文化の戦後日本における立役者として語られることのある手塚治虫にしても、そのマンガやアニメにおける表現スタイルはディズニーをはじめとする内外の漫画（カートゥーン）やアニメーションを含む文化の影響を受けていたことはよく知られている（大塚、2009）。また近年では日本のマンガやアニメに影響を受けつつも、中国や韓国、東南アジア各国でも独自のコンテンツが盛んに量産され市場を拡大しつつある。

（2）本章における日本のオタク文化（およびカワイイ文化）の特徴の概要等に関しては東（2001）、Galbraith（2019）、拙稿（床呂、2021a）等を参照。海外のコスプレ文化に関してはWinge（2019）や化濱（2012）、拙稿（床呂、2021b）等を参照。また日本におけるコスプレ文化に関しては田中（2009, 2017）も参照。

（3）日本発のカワイイ文化に関する以下の記述は阿部和重、阿部公彦、斎藤、四方田らの論考（阿部、2012, 2015; 斎藤、2014; 四方田、2006）ならびに拙稿（床呂、2021a）を参照。

（4）ヒジャーブ・コスプレを含む東南アジアのコスプレに関しては拙稿（床呂、2021b）を参照。

（5）SNS上にアップする写真の「盛り」に関しては久保（2019）を参照。

（6）こうした参加型ファンダムに関する特徴は、日本発のオタク文化、カワイイ文化で顕著であるものの、正確に言えば、必ずしも日本発のファン文化に限った特徴ではないことには注意も必要である。海外のより広い文脈における参加型ファンダムをめぐる論点に関してはH・ジェンキンズらの研究も参照（ジェンキンズ、2021）。

（7）いわゆるサイバーパンク系SFジャンルを含む日本のオタク文化における戦闘美少女的キャラクターに関しては斎藤（2006, 2014）、Saito（2020）、Suzuki（2020）などを参照。

（8）東南アジアのコスプレ文化に関するより詳細な記述は拙稿（床呂、2021b）を参照。本章のコスプレに関する分析は、この拙稿での指摘した論点と重複する点が多いことをあらかじめ述べておきたい。

（9）「ブラックフェイス」とは、黒人ではない者が顔や身体の皮膚を黒く塗ることによって黒人を演じる行為を指す。とくにアメリカでは白人パフォーマーによる黒人を揶揄・カリカチュアする目的でのブラックフェイスが二〇世紀半ば頃までしばしば見られたが、現在では概して人種差別的表現であるとされることが多い。なおコスプレにおけるブラックフェイス等の問題に関してはWinge（前掲書：pp. 33-34）、拙稿（床呂、2021b, p. 78）も参照。

（10）東南アジアにおけるコスプレ文化のさらなる詳細に関する「わざ」（アート／テクノロジー）の観点からの検討と、そこにおける「アトムの命題」とその「逆命題」という論点に関しては前述の拙稿（床呂、2021b, pp.

86-88）を参照。

（11）　ここで挙げた「心の理論」やノーマンらの議論はウイルスなどを含む「非人間の他者」との広義のコミュニケーションを、社会性の進化史的な基盤や背景から考察する上で示唆に富んでいる。しかしながら近年、こうした議論にはいくつかの批判も寄せられていることにも留意が必要である。この点に関しては拙稿（床呂、2016）も参照。

第4章　分断の倫理学
——ヌスバウムの感情の哲学を手がかりに

小手川正二郎

1　はじめに

新型コロナウイルスのパンデミックは、世界の中の様々な格差を露わにし、人々の間の分断を加速させていると言われている。確かに、新型コロナウイルスへの対応をめぐって、先進国と途上国の間の医療格差やワクチン格差だけでなく、国内においてもコロナ禍で窮地に立たされる人とそうでない人、都市圏に住む人と地方に住む人、高齢者と若者、オリンピック開催に賛成する人と反対する人、等々といった様々な対立のもとで語られやすくなっている。

こうした分断のなかでも目立って深刻なのが、人種集団間の分断である。白人警官によるジョージ・フロイド氏の殺害事件に端を発した人種差別への抗議運動「Black Lives Matter」は、アメリカだけでなく世界各地に波及したが、先進国における新型コロナウイルスの犠牲者や重傷者は、人種的マイノリティの割合が際立って高い。

また、新型コロナウイルスの感染拡大に伴い、世界中で東アジア系住民へのヘイトクライム（憎悪犯罪）が発生し、問題となっている。市民団体「STOP AAPI HATE」によれば、アメリカでは二〇二〇年三月から二一年二月末までに三七九五件の通報があった。「国へ帰れ」などの暴言が六八・一%、無視される、意図的に避けられるが二〇・五%、身体的暴力は一一・一%、職場での差別や公共交通機関の乗車拒否など公民権法違反も八・五%あった。とりわけ女性は、男性の二・三倍も被害を受けやすく、犯罪は全ての州で起きている。

イギリスのロンドン警視庁の統計によれば、二〇二〇年六月から九月に発生した東アジア系住民に対するヘイトクライムは二〇〇件を超え、前年同期に比べて九六%増加した。オーストラリアのシンクタンクがまとめた報告書によると、中国系オーストラリア人の三分の一以上が過去一年の間に出自を理由に違う扱いを受けたり好ましくない扱いを受けたりしたことがあると回答した。一八%は中国系であることを理由に身体的暴行や脅迫を受けたと答えている。

新型コロナウイルスの脅威やパンデミックに起因する経済危機は、自分とは異なる集団への様々な否定的な感情を呼び起こし、そうした集団を「他者」や「敵」として位置づけることを助長しているように思われる。本稿では、マーサ・ヌスバウムの感情の哲学を参照しつつ、とりわけ相手の顔身体をめぐる恐怖や嫌悪感、妬みといった感情に注目し、私たちがいかにして自分が属する内集団と外集団を「分断」してしまうのかを考察してみたい。

2　感情の合理性

私たちは、自分たちとは異なる見た目の人や見慣れぬ人に対して、様々な感情を抱く。そうした感情は、ややもすると当人の意志や理解とは無関係に生じてしまう「生理的・本能的な」反応とみなされやすい。こうした見方の前提には、感情を個人のうちに一時的に生じる状態とみなし、理性的な判断を妨げるものとする近代的な感情理解がある。

これに対して、現代の感情の哲学においては、感情（emotion）を内的で非志向的な「感じ」（feeling）とは区別し、志向作用と対象をもち、理性と対立するものとはみなさない見方が主流をなす。こうした見方においては、多くの感情（怒り、恐怖、喜び／悲しみ）は、真偽を問える信念（belief）や判断に依拠しており、合理的か否かを問題にできると考えられている。

たとえば、授業中に携帯を見ている学生に対して教員が怒りを感じた場合、この教員は「学生が携帯電話で授業に関係ないことを見ている」という信念のもとで怒りの感情を抱いている。実際に、学生が携帯でSNSを見ていた場合、教員の信念は裏づけられ、その人の怒りは合理的とみなされよう。逆に、学生が携帯で授業に関連することを調べていた場合、教員の信念が間違っていたことが判明し、怒りは消える（もし怒り続けたら、その怒りは合理的とはみなされない）ことになる。このように考えると、感情は理性に反するものではなく、むしろ状況にふさわしい感情を抱けることや他人に適切な形で共感できることは理性的であり、そうできないのは非理性的であるということになろう。

現代の感情の哲学を代表する哲学者の一人であるマーサ・ヌスバウムは、こうした感情理解から出発して、他人の苦しみを共に感じることとしての同情（compassion）を、民主主義において自由かつ平等な（リベラルな）社会を目指すために、必要不可欠だと論じている。というのも、民主主義社会がより平等な社会であるためには、社会福祉、公的教育、公的医療など所得の再分配に関する制度への市民の同意が必要となり、恵まれない人々の苦境への同情がこうした同意の土台となると考えられるからだ。

では、私たちはいかにして他人に同情を抱くことができるのだろうか。ヌスバウムによれば、他人に同情を抱く際に以下の四つの条件が想定されている（Nussbaum, 2004 chap. 1, sec. 6）。

（1）「他人の苦しみが深刻である」と理解している。
（2）「苦しみの責任がすべてその人にあるわけではない」と考えている。
（3）「自分も同じ状況に陥りうる」と考えている。
（4）「苦しんでいる人は、自分にとって大事な人である」と考えている。

（1）　同情するためには、まず他人が置かれている状況を理解し、その人が苦しみを感じていることを見て取り、その苦しみが当人にとって深刻なものであることを理解する必要がある。他人の苦境がそこまで大したものでないのに当人が苦しんでいる場合、私たちは「大げさ」だと感じて同情しない。逆に、過酷な環境（ブラック企業の労働環境や日常的なＤＶ被害）に順応してしまった他人が苦しみを感じることができない状態に置かれている場合、私たちは相手の苦しみの深刻さを当人以上に理解して同情する。

（2）　他人に同情するとき、私たちはどんなに賢明で用心深い人でも不運や災難（事故や病気や天災）からは逃れられず、他人が置かれている苦境の責任はすべてその人にあるわけではないと考えている。反対に、苦しみの責任がすべてその人にある場合は、同情を抱かない（たとえば、痴漢の加害者がつかまって苦悩を抱いたとしても、「自業自得」だとみなされよう）。

（3）　私たちは「自分も相手と同じ状況に陥りうる」と考える相手に対して、同情を抱きやすいが、そこには相手と自分が共通の（ないしは類似の）傷つきやすさを抱えているという認識が存在する。たとえば、痴漢被害やセクハラ被害にあった女性には、男性よりもそうした被害にあいやすい女性のほうが同情しやすいであろう。逆に、他人が被る苦しみを自分は決して負うことがないと信じている人はそうした相手に同情しにくい。

（4）　私たちが同情を抱く相手は、大抵の場合、自分に関わりのある人や自分が関心を向けている人々である。私たちが一切関心をもたない人には同情を抱きにくいが、自分とは無関係な人には同情を抱けないというわけではなく、自分の関心の輪を広げていくことでより広い範囲の人に同情を抱くようになることは可能だ。

同情の条件をこのように考えると、私たちがいかなる場合に同情を抱けないか、抱きにくくなってしまうかも見えてくる。私たちが苦しむ他人に対して同情を抱けないのは、（1）他人の苦しみの深刻さを見て取れない場合（たとえば、ペットを飼ったことがない人がペットロスの深刻さを見誤る場合）、（2）苦しみの責任はすべてその人が負うべきだと誤ってみなす場合（生活保護受給者の苦境を「自己責任」だとみなす場合）、（3）自分は他人と同じ状況に陥ることがないと信じこんでいる場合（日本の人種的マジョリティが自分は人種差別を被ることがないと思っている場合）、（4）自分には一切係わりがないと誤ってみなす場合（先進国の市民が自分と難民とは無関係だと思ってしまう場合）だと考えられるのだ。

その一方で、同情にはそれ固有の危険性もある。同情は、自分にとって大事な人に対して抱かれやすいため、身内びいきのように身近な人を優先したり、親しい人を偏愛したりすることに陥りやすい。また、共感や同情は一時のものであったり、気まぐれだったりする。それゆえヌスバウムは、共感や同情は、制度や政策の無批判的な土台となるべきではなく、一部の人だけがその恩恵を被ることがないように、つねに一般的で公正な原理と結びつけられねばならないと主張している（Nussbaum, 2013, pp. 317-318）。

さらに注意しなければならないことは、自分が属する集団への共感や同情は、他の感情と結びついて、自分と疎遠な人々に対する共感や感情を阻む危険性があるということだ。

他の白人には深い同情（compassion）を寄せる白人が、有色人種を動物やモノのように扱い、その人たちの視点から世界を見ようとしないことがあります。男性が女性をこのように扱い、その一方で他の男性には共感（sympathy）を抱くこともしばしば起こります[1]。要するに同情を育むだけでは、〔他人を〕隷属させたり従属させたりする力を克服するのには十分ではないのです。なぜなら同情自体が嫌悪感や恥辱感とつながり、エリート間の連帯を強め、下位集団の人々との間にさらに距離を作ることになりかねないからです（Nussbaum, 2010, p. 38/邦訳50‐51頁）。

同情は、自分とは縁もゆかりもない他者と自分とをつなぐ扉になる一方で、逆に自分にとって身近な集団のうちに自閉して、他者をそこから排除し、自己と他者を分断する壁にもなりうる。だからこそ、同情がいかなる感情と結びつくとき、他者への共感を妨げてしまうのかを熟考する必要がある。以下では、ヌスバウムが言及しているなかでも、とりわけ相手の顔身体に対して向けられやすい三つの感情――恐怖、嫌悪感、妬み――に絞って考察したい。

正装した黒人男性が白人女性の乗ったエレベーターに乗り合わせた。彼を見た彼女は不安になり、緊張して心拍が早くなり、ハンドバックを引き寄せて抱きしめた。彼女にはエレベーターのなかの時間が永遠のように感じられた(2)。

3　恐怖――共感を妨げる感情（1）

この事例では、白人女性がエレベーターに乗ってきた黒人男性に恐怖を感じている。重要なのは、長年の人種差別的な歴史のなかで黒人男性はすぐさま危険視されやすいために、男性がスーツを着てネクタイをしていたにもかかわらず、この女性が彼を危険視して恐怖を感じてしまったという点にある。

この事例を考えるにあたっては、「恐怖」（fear）とはそもそもいかなる感情かを考える必要がある。恐怖はアリストテレス（Aristoteles, BC 384-322）以来、自分の生存や幸福に対する差し迫った脅威に対する感情と考えられてきた(3)。

私たちは、些細な害や自分にはリスクのない害一般に対してではなく、自分の生存や幸福を脅かすものに対して恐怖を感じる。さらに、そうした脅威が「差し迫っている」という認識が恐怖を抱く際に肝要となる。というのも、遠くにある脅威やいつでも対処可能な脅威に対して私たちは恐怖を抱かないからだ。たとえば、新型コロナウイルスを私たちが恐れるのは、それに感染すると生命を失いかねないウイルスであり、武漢での発生時やクルーズ船の寄港時よりも日本国内での市中感染を起こしている現在、それに感染する危険性が一層差し迫ったものとなっているからだ。

恐怖は、理性的判断に反して抱かれると思われがちだ。しかし、ヌスバウムによれば、恐怖はそれが「理に適っている」(reasonable) か否かが問われうる感情である。たとえば、新型コロナウイルスへの感染を恐れて、友人との外食を避けるという行動に出る人は、ウイルスの危険性、感染の切迫性、複数人での外食のリスクなどを前提とした理に適った恐怖を抱いていると言えよう。逆に、5Gの導入によって感染しやすくなるという憶測から、基地局のアンテナを破壊するという行動に出た人が抱いている恐怖は、理に適っていない恐怖とみなされよう。

では、上で挙げたエレベーターの事例における白人女性の恐怖は、「理に適った恐怖」と言えるのだろうか。この事例に対しては、しばしば「女性がエレベーターで男性と二人きりになったら(多少の)危険を感じるのは自然なことだ」という反応が示される。確かに、密室で女性が男性から様々な被害にあいやすいという事実を考慮に入れれば、エレベーター内で女性が男性に恐怖を抱いたり、警戒心をもったりすることは理に適っていると言えるかもしれない。だとすれば、ここでは相手が黒人か白人かという人種の違いよりもむしろ、男性か女性かという性の違いのほうが重要であったことになるだろう。実際、こうした事例で自分の反応や態度が「人種差別的」であると指摘された白人女性は、自分が恐怖を抱いたのは相手の肌の色に対してではなく、男性である相手の体格や振る舞いに対してなのだと弁解するかもしれない。というのも、白人女性は黒人女性と乗り合わせても同種の恐怖を抱かないだろうからだ。

しかし、こうした弁解には疑問の余地がある。というのも、こうした女性が白人男性やアジア系の男性と乗り合わせた際にも同種の恐怖を感じ、黒人男性の場合と同様の反応を示すというのは考えにくいからだ。白人女性が黒人女性に対しては恐怖を感じないという点では、確かに性差は重要である。しかし、この事例でより重要なのは、白人女性が黒人男性に恐怖を抱いたこと、それも相手が正装をしていたにもかかわらず恐怖を抱いた点にある（Ngo, 2017, p. 22）。つまり、危害を加えてくるという可能性を通常であれば減じるはずの服装には目がいかずに、もっぱら相手の身体的特徴にばかり目を向けて相手を危険視してしまう、白人女性の知覚に含まれる人種差別的なバイアスが問題となっているのだ。それゆえ、「自分は肌の色ではなく、相手の体格や振る舞いに恐怖を感じたのだ」という弁解は、恐怖を感じた原因を、自分の知覚の偏りではなく、相手の身体の特徴に帰す点で、二重に差別的なのだ（池田・小手川，2021）。

白人女性が黒人男性に対して感じる恐怖は、それゆえ本人にとってはどれほどありありと感じられていたとしても、「理に適っている」とは言えない。また、こうした恐怖は、相手に対する同情を妨げる点でも問題である。先に見たように、私たちは当人の責めにのみ帰せられることのない深刻な苦しみを抱える大事な人に同情する。これに対して、私たちは自分や自分の大事な人の生存や幸福に差し迫った危険をもたらす人を恐れる。この点で、恐怖は同情と対極に位置しており、それゆえ自分が恐れる相手に同情することは難しい。白人女性は黒人男性を恐れることで、彼女の態度に対して黒人男性が感じる苦しみに同情することができなくなってしまうのだ。

4　嫌悪感――共感を妨げる感情（2）

嫌悪感（disgust）は、しばしば恐怖と結びついて感じられる。しかし、両者には明確な違いがある。恐怖が自分に危害を加えるものに対して向けられるのに対して、嫌悪感は自分を汚染するものに対して向けられる。たとえば、ゴキブリへの嫌悪感をもつ人は、殺菌して眠らせたゴキブリにも嫌悪感を抱いて触るのを拒むだろう（Nussbaum, 2004）。つまり、私たちはまったく無害なものに対しても嫌悪感を抱きうるのだ。

嫌悪感のなかでも、最も基底的なのは、体液や排泄物やその臭い、腐敗や悪臭に対する感覚的な不快感としての「一次的嫌悪感」（primary disgust）である。一次的嫌悪感は、家庭や社会で教育されて身につくが、どんな社会にもある程度普遍的に認められる[4]。

ヌスバウムによれば、こうした一次的嫌悪感とは区別して、特定の人々や集団に対する文化的偏見に由来する嫌悪感を考える必要がある。たとえば、ヒトラーは『わが闘争』のなかでユダヤ人を「臭く、性欲あふれる」、「腐敗する肉体に湧くウジ」といった語彙で表現し、人々の嫌悪感を煽った。同様の表現は、いわゆる「在特会」の人々による在日コリアンに対するヘイトスピーチにも、共通して見られる。(5) 社会におけるマイノリティ集団に対して向けられるこうした嫌悪感も、広範囲に渡って認められるものであるが、それは一次的嫌悪感のような感覚的な不快感以上のものを含んでいる。それは、人間の動物的で肉体的な性質（体臭、性欲、可死性）を、特定の集団に投影し、その集団から自分を切り離すことで、こうした性質から距離をとろうとする特徴をもつ。こうした特徴ゆえに、それは「投影的嫌悪感」（projective disgust）と呼ばれる。

恐怖が自分に危害を加える差し迫った脅威に対して抱かれ、危害の確実性や切迫性をめぐって恐怖を感じることが理に適っているか否かを問えたのに対して、嫌悪感は他人を説得しうるような理由をもたない「呪術的思考」に由来し、その合理性を問うことができない感情だと考えられる。(6) それゆえ、嫌悪感を抱いている人に対して、嫌悪を感じる理由がいかに理に適っていないかを示したとしても効果は乏しい。嫌悪感をなくすためには、誤解をただすことよりも、時間をかけて慣れることなどが必要となるだろう。

マイノリティ集団に対する嫌悪感は、各々の社会に固有な歴史と特徴を帯びている（Nussbaum, 2018, chap. 4）。たとえば、アメリカにおいてアフリカ系アメリカ人、ユダヤ人、東アジア系に対しては、それぞれ異なる種類の嫌悪感が形成されてきた。アフリカ系アメリカ人とユダヤ人に対しては、共に「動物的」「性欲が強い」「臭い」といった偏見が形づくられてきた。しかし、一方で、アフリカ系アメリカ人に対しては、こうした偏見に由来する嫌悪感が白人女性への「強姦への恐怖」と結びつき、アフリカ系アメリカ人男性を潜在的な性的暴行者とみなすような偏見が広まった。他方、ユダヤ人に対しては、嫌悪感は「知能が高い」というステレオタイプと結びつき、ユダヤ人銀行家たちの狡猾な企みによって国が乗っ取られる恐怖が喧伝されることとなった。

東アジア系の人々は、「勤勉」「寡黙」「従順」というポジティブなステレオタイプのもとで、しばしばアメリカ社会の中で成功した「模範的マイノリティ」(model minority) とみなされてきた。しかし、ポジティブなステレオタイプは「がむしゃらに勉強するだけ」「自己主張しない」「主体性がない」といったネガティブなステレオタイプと表裏一体をなす。そうして、マイノリティでありながら成功をおさめている「模範的マイノリティ」のイメージから生じる妬みと、「自己主張しない」、つまり「攻撃されても黙って耐える」というステレオタイプによって、東アジア系の人々は、新型コロナウイルスに関するヘイトクライムの格好の標的とされてしまっている。

こうした嫌悪感は、人種的マイノリティに対してのみ向けられるわけではない。性的マイノリティの人々（とりわけ同性愛者やトランスジェンダー）は、性的マジョリティによる嫌悪感の被害を受け続けてきた。また、障害者も健常者からしばしば嫌悪感を向けられる（稲原、2017）。投影的嫌悪感の特徴から考えるなら、健常者による障害者に対する嫌悪感は、「自分はああなりたくない」という思い、つまり自分もいつでも障害を負いうるという可能性からできる限り目を背けておきたいという思いから来ていると考えられる。

さらに、ヌスバウムは高齢者に対する嫌悪感にも目を向けている（ヌスバウム、2017）。高齢者の老いた身体や衰退した能力への嫌悪感は、避けがたい仕方で自分が陥る――「自分もいずれああなる」――状態に対する嫌悪感である。この点で、高齢者への嫌悪感は、自分自身がもつ動物的な可傷性（vulnerability）への自己嫌悪に由来するという投影的嫌悪感の特徴を際立って示すものだ[7]。

こうした嫌悪感は、自らが嫌悪する性質を他者に投影して、共感が及ぶ「自己」の範囲内（家族、コミュニティ、同国人）から他者を締め出す点で、共感や同情の対極に位置する。さらに、人は「自己」の範囲内に位置づけられる「仲間」が抱いた投影的嫌悪感に共感しやすいため、ある人が抱いた嫌悪感はその人が属する集団内で増幅され、嫌悪感を抱かれた相手に対する共感の可能性を遮断してしまう。その一方で、投影的嫌悪感が自己自身の可傷性への自己嫌悪に由来するという点に鑑みるなら、それは嫌悪されている相手が嫌悪感を抱いている自己自身と共通する可傷性をもつことを示唆してもいる。ここには、嫌悪感を抱いていた相手に対して、私たちが共感や同情を抱きうる可能性も孕まれているように思われる。

5　妬み――共感を妨げる感情（3）

すでにトクヴィル（Alexis de Tocqueville, 1805–1859）が『アメリカのデモクラシー』において妬みを「民主的感情」と呼んで以来[8]、妬みは民主主義的社会において避けがたい基本的な感情として考察されてきた。身分制の崩壊により、誰もが地位や富を求められるようになり、本来は、平等であるはずの自分と他人の間の地位や富の差に敏感になり、自分よりも恵まれている人たちを妬むようになると考えられるからだ。

現代の政治哲学においても、たとえばロールズ（John Rawls, 1921-2002）は、『正義論』（一九七一年）のなかで、社会のなかの「不平等があまりにも大きくなって、社会的に危険になるほどにまで妬みを引き起こしてしまう」危険性について言及している（Rawls, 1971）。

ヌスバウムによれば（Nussbaum, 2013, 2018）、妬み（envy）とは、他人（や他の集団）がもっているものや獲得したものについて、それをもたない自分が相手よりも劣っていると感じて抱く感情である。たとえば、私たちは他人の能力や容姿や社会的地位、他人が築き上げた成果や財産や名声といったものに妬みの感情を抱く。ここで重要なのは、何であれ自分たちがもっていないものをもっている人に妬みを感じるわけではなく、自分にとっても価値があり、自分も欲しているのに、手に入れられないものを相手が手にしているときに妬みを感じるということだ。たとえば、ある人のゲームの能力や成果を妬むのは、そのゲームに価値を見出している人であり、逆にゲームに関心がない人にとっては妬ましいものとは思われまい。

妬みの特徴は、妬みと類似しているが異なる感情——競争心や嫉妬——との比較を通じて詳らかになる。

競争心（emulation）もまた、相手がもっている能力や得た成果について、自分がもっているものとの比較のもと、相手に負けたくないと思う点では、妬みと共通している。しかし、競争心の場合、競争相手を自分の目標や模範とみなし、相手が有する能力や成果を自分も手に入れて相手に近づくことを欲する。これに対して、妬みの場合は競争相手に敵意や悪意を抱き、相手がもっていた能力や成果を相手が失うことを欲する。たとえば、尊敬する先輩研究者に近づきたいと思う場合、相手の失墜ではなく自分の向上を目指すだろうが、その人が手にしている地位や名声を妬む場合、スキャンダル等によってその人がもっていた地位や名声を失うことを願うことだろう。

　こうした違いは、競争心と妬みにおいて問題となる「競争」の性格の違いにも現れている。競争心を抱くときは、往々にして、相手から何かを奪うことなく相手に近づける状況にある。これに対して、妬みを感じるときに問題となるのは、限られた資源を奪い合うゼロサム競争（椅子取りゲーム）であったり、それに近い状況だったりする。そうした状況下で、相手が自分の欲するもの（管理職ポスト、文学賞、ファンからの人気）を得ることで、自分がそれを手に入れるチャンスが奪われたり、制限されたりすると感じる。さらに、自分にはそうしたものを手に入れることができないという無力感が加わると、自分が欲するものをもっている相手への敵意や、相手の失墜を望む悪意が生じるのだ[9]。

　競争心以上に、妬みと混同されやすいのは嫉妬（jealousy）である。妬みも嫉妬も、自分にとって価値あるものをもつ相手への敵意を含むという点では共通している。両者の相違は、妬みにおいては自分がもっていないものを相手がもっていることに対して不快感や羨ましさを感じるのに対して、嫉妬においては、自分がいまもっているものを相手に奪われることへの恐れを感じるという点にある。たとえば、自分には取り柄がなく親から期待されていないと感じる子どもは、成績優秀だったり、スポーツ等で活躍したりして、親から期待されるきょうだいに妬みを感じるだろう。これに対して、一人子だった子どもに、年下のきょうだいができて親が世話にかかりきりになってしまうと、その子どもは自分が独占してきた親の愛情を奪われることを恐れて、きょうだいに嫉妬するだろう。このように、嫉妬は自分にとって価値あるもの（親の愛情）が手に入らないことではなく、手に入れた価値あるものがいつでも失われかねないという点に由来するものだ。

ヌスバウムによれば、シェイクスピアの『オセロ』（一六〇二年）は妬みと嫉妬とのこの相違を鮮やかに描き出している（Nussbaum, 2013）。オセロが手に入れた輝かしい成功や地位を羨むイアーゴーは、オセロの最愛の妻デズデモーナがキャシオーという男と不倫関係にあるというデマをオセロに吹き込む。イアーゴーの策略により、デズデモーナに裏切られたと誤解したオセロは不倫相手とされる男キャシオーへの嫉妬に狂う。このようにして『オセロ』では、妻の愛を失うことを恐れ、それを奪う（とされる）キャシオーに嫉妬するオセロと、彼が得ている地位や人気や愛情を妬み、オセロがそうしたものを失うことを欲するイアーゴーとの対比によって、嫉妬と妬みが鮮やかに描き分けられているのだ。

妬みは、他の人々の地位や所有物に関心を向かわせ、「地位や財産をもつ者たち」と「もたざる者たち」の間の分断を助長する。それだけでなく、妬みは自分たちが地位や財産をもたないのは、特定の人々に奪われているからだという認識を生み出す。たとえば、「移民や人種的マイノリティが自分たちの仕事を奪っている」という白人労働者たちの一部は、マイノリティの方が「優遇」され、マジョリティの方が「差別」されていると主張する。そうして、自分たちの無力感や劣等感を満たすために、移民やマイノリティの排除や失墜を願うのだ。

妬みという感情は、自分がもたないものをもつ人々を、自分や自分と同じものしかもたない集団から切り離し、共感の可能性を遮断する。つまり、こうした人たちも自分たちと似たような境遇にあったり、自分たちと似たような不安を抱えていたりする可能性から目を背けさせ、ただ相手を「他者」や「敵」とみなすようにさせるのだ。

共感を妨げる以上の諸感情について、私たちはどのように考えていけばいいのだろうか。

6　結び——分断を思考するために

一方で、共感や同情を重視するヌスバウムの見方には、次のような反論も提起しうる（Srinivasan, 2022）。私たちの共感能力には限界があるため、人種や性差や階級といった隔たりを越えて他人に共感することはしばしば困難である。さらには、マジョリティに属する人々が十分に想像力を働かせれば社会的マイノリティの人々の苦しみに共感できるという想定自体がある種の傲慢さ——両者の隔たりがいかに深くかつ広範囲に及ぶかを理解しようとしない認識上の傲慢さ——に依拠している可能性がある。こうした場合に求められるのは、ヌスバウムの言うような共感の「拡張」

ではなく、たとえ相手（の苦しみ）に共感できなかったとしても、自由や平等といったより一般的な原理に依拠して、相手の権利を保護することになるだろう。

また、社会的マイノリティの人々の苦しみに共感できたとしても、それだけでは道徳的に適切な反応とは言えない。マジョリティに属する人々は、相手の苦しみを生み出している社会的・文化的構造に自分自身も何がしかの仕方で関わってしまっている――それに加担したり、そこから利益を得たりしている――ということへの気づきがなければ、相手の苦しみを自分自身の行為や立場とは一切無関係なものとして捉えてしまいかねないからだ。

すでに見たように、ヌスバウムも共感を絶対視しているわけではなく、その限界や危険性に注意を払っていたが、彼女が払っている注意が充分なものなのかは、なお議論の余地があるだろう。とはいえ、彼女の政治哲学の全体的な構想とは別に、彼女が試みてきた一連の感情の分析そのものは、現代社会――および「ポスト・コロナ」と呼ばれることになる社会――におけるコミュニケーションのあり方を探るうえで有効であると筆者は思う。

本論ではとりわけ、恐怖、嫌悪感、妬みといったネガティブな感情に的を絞って論じてきたが、私たちはすぐさまこうした感情と手を切れるわけではない。どんな人も理に適っていない恐怖を感じたり、嫌悪を感じたり、妬みを感じてしまったりする。重要なのは、本論で瞥見したようなそれぞれの感情の特徴に目を向けて、次のような問いに絶えず向き合い続けることだろう。自分が特定の人々に対して恐怖や嫌悪感や妬みを抱いてしまうのはなぜだろうか。そうした感情はどのような背景から生じてきて、自分の共感が及ぶ範囲やその深度にどのような影響を与えているのだろうか。このような問いを考えていくなかで、私たちは自分たちが知らず知らずの間に生み出している「分断」を――それがいかなる「分断」であり、「乗り越えられる」類のものなのかも含めて――思考することが可能となるのではないだろうか。

注

（1）広い意味での「共感」に関連する用語の区別について、ヌスバウムは sympathy や compassion を他人の状況に対する評価を含んだ共感とみなし、そうした評価を含まずにたんに他人の感情を想像して再構成する empathy から区別している。sympathy と compassion はほとんど同じ意味で用いられるとはいえ、後者の方がより強く感じられ、その後の態度や関心により結びつきやすいと指摘している（Nussbaum, 2001, pp. 301-302）。

（2）Cf. Yancy (2008). p. 21.

（3）「さて、恐怖（φόβος）とは破滅、あるいは苦痛をもたらす差し迫った悪いものについての表象から生じる一種の不快、あるいは心の動揺であるとしておこう。というのは人々が恐れるのはすべての悪いものではなく、例えば不正な奴ではなかろうか、あるいは愚鈍な奴ではなかろうかなどと恐れるのではなく、むしろただ大きい不快、あるいは破滅をもたらすことのできるもの、それも遠くではなくて、目前に迫るほど近くに現われているものだけを恐れるのだからである。というのもひどく遠くにあるものを人々は恐れないからである。例えば誰でも皆人は未来に死ぬということを知っている。しかしそれは近くにないから、少しも気にすることはない」（アリストテレス『弁論術』1382a20-30.）。

（4）もともと嫌悪感には、腐敗したものや排泄物からの汚染を避ける役割があったとされる。

（5）　在日コリアンに対して、「汚物、ゴミ、蛆虫、ゴキブリ」「生活保護を受給する寄生虫」といった表現でヘイトスピーチがなされてきた（安田、2015）

（6）　「親の強烈な反応や他の形態の心理的影響によって、あるものに対して嫌悪感を持つように幼児に教え込むことはできる。だが、コウモリを嫌悪しない人に、コウモリが本当は嫌悪を催させるものだと説得するところを想像してみよう。対話を通じて相手を実際に説得するだけの、公共的に言語化可能な理由はまったく存在しえない。あなたのできることと言えば、コウモリの属性とされているものをかなり細かく描写して、対話者がすでに嫌っているものとの何らかの関連性や似ている点を明らかにすること（たとえば、濡れた貪欲な口や、ネズミに似た体）だけだろう。しかし、もし相手がそういったものに嫌悪を感じなかったら、それでおしまいである」（Nussbaum, 2004, p. 101/ 邦訳 pp. 128-129）。

（7）　「要するに、嫌悪感は常に自己嫌悪感をある程度含みます。動物性を他人の中に感知して、それを自分自身から遠ざけるという行為の中に見られるように。しかし、高齢化の場合には、ほかのどの場合よりも真実が赤裸々であるため、それから目を逸らすことはできません。それは本当に自分自身にかかわることだから、恐れるのです。早い段階で他人に対して察知されたスティグマ〔負の烙印〕は、次第に自己スティグマおよび自己排除になります。自分自身の老いた体を腐敗と将来の死が生じる場所として見るようになる――そう見るのは他人だけでなく、まさに自分自身なのです」（ヌスバウム、2017, p. 16）。

（8）　「私はアメリカで、ヨーロッパに見られるのに似たもろもろの情念に出会った。そのあるものは人の心の性質それ自体に発し、他のものは社会の民主的状態に由来していた。たとえば、私は合衆国にも心の不安（inquiétude du cœur）があるのを認めたが、これは境遇がすべてほぼ同じくなり、誰もが上昇の機会を同じように見出すとき、人間にとって自然な情念である。妬みという民主的感情（sentiment démocratique de l'envie）が、ありとあらゆる形で現れるのにも出会った」（トクヴィル、2005, pp. 253-254. 訳は一部変更した）。

（9）　ロールズは、妬みが生じる要因として、心理的な要因と社会環境的な要因をあげている（Rawls, 1971, sec. 80）。競争や順位づけを煽る社会環境（受験、コンクール、ＳＮＳ）のなかで、自分の価値や能力に対して自信をもてないとき、順位の低い人は希望を感じられず、他人に苦痛を与えることで憂さ晴らしをしようとするのだ。

第5章　隠された身体・隠しえぬ身体性
——「眼差し」によって触れることのできる世界とその変貌、そして可能性

小谷弥生

1　はじめに　名を与えること、その意味について——「コロナ」が名指すもの

災禍（fléau）とは、現実には珍しくもないが、それが自らの頭上に降ってきたときには、それが災禍なのだと信じることは、即座にはできないだろう。世界には、戦争と同じ数だけペストがあった。しかも人々は、いつだって自分の思い通りにはならないような仕方でしか、ペストと出遭うことはできない。（…）愚かさは常に繰り返されるものであり、人は常に自分のことばかり考えていなければ、そのことに気づくことができるはずである。我らが同朋諸君は、そのような意味で、皆のように自分のことばかり考えているヒューマニストであった。つまり彼らは、災禍の存在など信じていなかったのだ。（…）彼らは仕事を続け、旅支度をし、ごく一般的な見解を抱いていた。未来を奪い、移動を禁じ、議論を無為にしてしま

> うペストなどというものを、どうやって考えることができたというのだろうか？　彼らは自分が自由であると信じていた。だが災禍がある限り、誰ひとり、そしてただ一度として、真に自由であったことなどあり得ないのである。
>
> アルベール・カミュ『ペスト』(1)

二〇二一年（執筆当時は六月）、私たちは〈未知なるもの〉に遇している。それは人類が概念としては既知なるもの――たとえば「ウイルス」という名で呼んできたはずのもの――、しかし私たちが現在直面している事態を「コロナ」と呼ぶときに示さんとしている一連の事態は、紛れもなく〈未知なるもの〉であるといえよう。私たちの生命が地球規模で脅かされるその一方で、物理的に一定の距離を有していた世界は、インターネットのさらなる活用によって仮想的かつ即時的に多様な越境を実現しつつある。コロナ以前の世界ではいまだ実現には程遠かったオンライン化の促進、リモートワークの普及は、私たちの生身の肉体を今いる場所に置いたまま、新たな空間へとテレポートさせるかのようである。かつては一堂に会すること、互いの顔を見ながら共に過ごすことに重きを置いていた世界も、生身の交流を手放すことを余儀なくされた。代わりにリモートの実現によって、画面越しにではあるものの離れていても即座に繋がり、互いの顔を見ながら声を聴くことのできる対話がさらに可能化しつつある。バーチャルリアリティはいまや仮想にとどまらず、生身の人間が生きるリアルな社会の延長線上に構築されようとしている。それは逆説的に、バーチャルでありながら非現実的なものがない新たな世界であり、現実から逃れることのできない地平、現実世界の移築であり、「新たな現実」の構築でもあろう。こうした変化によって、私たちの存在、とりわけ顔・身体という概念もまた、急速に変貌しつつある。

「世界」は新たな次元へと突入している。私たちは〈現在〉の渦中にあり、その変化を歴史的に位置付けることが困難な、目まぐるしいパラダイムシフトの最中にあるといえよう。まさしく未知と未曾有が重なり合い、災禍との闘争もまた現在進行形で続いている。そして私たちには、かろうじてこれらの事態を総称可能な「コロナ」という名が与えられた。しかしこの名もまた、刻一刻とその内実を変貌させている。おそらく当初より「コロナ」と呼ぶことで名指そうとしていたものと、現在そう呼んでいるものとの間には、変化や断絶が看取されるはずである。しかしそのような変化もまた、後から振り返ってみなければ明らかにすることが困難な、現在進行形の変化なのである。

〈未来〉は常に新たなものとして生成しているがゆえに、いかなる現在も本来的には未知であるとしても、この経験は人類史にとって紛れもなく〈未知なるもの〉であるといえよう。果たして私たちの未来というものが、これほどまでに不確かなものとして現前したことがあっただろうか。日常的な接触の制限、家族や親しき人々との分断、自粛、巣ごもり消費の推奨。それはかつてカミュ（Arbert Camus, 1913-1960）が『ペスト（*La Peste*）』の中で記した「流刑」(2)の如きもののようである。しかし私たちの流刑地は、監獄でもなく、どこか遠く見知らぬ不自由な場所でもなく、住み慣れた自宅であり、自室であった。この真綿で首を絞めるような永い苦しみは、私たちの息の根をとめることなく、しかし、やんわりと息苦しさを与え続けては、私たちを自由と不自由が混在する生活へ、そして理解が困難な思考停止状態へと追い込んでいる。ペストとコロナの驚くほどの合致、しかし時が進むにつれ、既存の物語に現在を重ね合わせることの困難と限界を感じるようになる。物語には始まりと終わりがあり、私たちはそれを読むことでひとつのまとまりをもった時間を経験することができるが、私たちが今生きているこの物語には終わりがなく、それを完了したものとして語ることはできないこと、すなわち私たちは現在進行形の物語をただ生きること、そしてあたかも記録のようにして、せめて〈未来〉へと向けて書き留めることしかできないのである。

世界的にワクチンの開発が進み、治験薬は非常事態下の超迅速審査、必要最小限の治験で認可されるなど、異例の事態になった。医療従事者を中心としたワクチン接種が開始し、高齢者や市民へと徐々に間口が開かれ始めた。当然、ワクチンの安全性に対する懐疑や、拒絶、デマゴギーもある。ワクチンの接種が進んだ後、果たしてコロナと人類の闘争はどのような局面を迎えるのか、私たちはわからないままに、選択と決断を迫られ続ける。〈現在〉もまた、過去や未来との接続を断たれたものとして切り出されては、その時々、分断化されているかのように覚束ない。

〈未来〉が常に不確かなものであったとしても、私たちの未来というものが、これほどまでに不透明なものとして現前したことがあっただろうか。これまでに経験したことのない、どのように対処することが最善であるのか不明なもの。それゆえ誰もが適切に、最善な対処ができずにいる〈未知なるもの〉。あらゆる事柄が模索中であり、現在進行形であり、結果はわからぬまま、私たちはただ「今」を生きるしかない。双六（すごろく）のように不確かな〈現在〉を、あたかも骰（さい）を投げ続けるかのような賭けの連続によって生かされているかのような心持ちである。

それでは「コロナ」とはいったい何であろうか。それは当初よりCOVID-19と呼ばれたウイルスの形状に由来する名であり、通称でもあり、そしてこの時代に現在進行形で生じている多くの事象を示しては、そのたった一語で言い表すことができるという意味において、それ自体とは異なる意味をも孕んだ名であるといえよう。彼らは日々進化し、次々に変異株を誕生させ、まさに存亡を賭けた闘争が繰り広げられている。日々のニュースは新規感染者数と死亡者数を示し、眼前を絶え間なく通り過ぎてゆく数字の羅列は、時折ゲシュタルト崩壊を起こしたかのように意識の中で脆く崩れては、その真意を捉え損ねてしまいそうになる。

私たちが今、この「コロナ」という語によって名指そうとしている事柄とは、いつの日かどこか未来の時点から振り返ることができる時がきたとき、この語が示していたものの意味、いまだ言い当てることのできない何か、しかし名指さなければならない何かを、さまざまな形で担っていたことが分かるかもしれない。だがそれは、まだ幾分先の〈未来〉の出来事としての希望的観測であり、私たちはこの先、もしかすると永遠に、この語によって名指していた事象を知ることが困難なほどに「コロナ」と切り離せない状態に身を置いているかもしれない。すなわちそれは、人類の時代が明らかに変わったという意味においては「ポスト・コロナ」であるが、終わりなき「ウィズ・コロナ」時代を生き、そして生き抜こうとしている人間の宿命として、私たちは今後、半永久的にコロナとの闘争（あるいは共存）の最中に身を置き続ける可能性も否めないのである。あるいは数年後「一体あれは何だったのだろうか」と思うほどに、「コロナ」は息を潜め、収束し、私たちは束の間の安堵を覚えるか、もしくはまた新たなる未知の状況と闘っているのかもしれない。あるいは地上を手放し、地中に巣穴を求めるか、地球を諦め、宇宙に希望を託し、この惑星をあとにしているのかもしれない。

私たちは今、人間という立場からこの苦境に立ち向かっている。それでは、私たちが「人間である」ということは、いかなることであろうか。それは端的にいえば、「私（たち）が〈人間である〉とはいかなることであるのか」と自らに、そして世界に問いかけることができるということそれ自体が、私たちが自らを「人間である」と認識することと不可分に結びついているといえよう。たとえば私は日々動植物たちと暮らしているが、彼らはおそらく、そんな無為なことを思考せずともその時その瞬間をあるべき姿で、ただ自然体で生きているように見える。そしてその姿は、眩しく、正しい生であるように思えてならない。すなわち、私たちが何かを問いかけ、そしてその応答を得ようとすること、その営為こそ「人間」というものの個性であるのだと思われる（しかし、この世界に共に在るあらゆる生命というものが、我々とは異なるかたちであれ、我々がただ知り得ないというだけで、同様の問いを抱き世界へと問いかけている可能性は残されているため、筆者はこれを人間の個性とし、特権と位置づけることは差し控えたい）。このような個性に基づき、とりわけこのような状況下においては回避し難い、問いと思考の断片を書き留めることで、今直面している事態を記録しつつ、読者と共に思考し、いつの日か「コロナ」と〈現在〉を振り返る未来への布石としたい。

2　人間の条件、人間の限界——私たちが「人間である」ということ

これから私が試みることは、私たちの最も新しい経験と、最も現在的な不安というものを背景に、人間の条件を再検討することである。これは明らかに思考が引き受ける仕事であり、そして思考の欠如——思慮に欠ける不注意、絶望的な混乱、陳腐で空虚になってしまった「真理」の独善的な反復——こそ、明らかに、私たちの時代の一つの特徴のように見える。そこで私が提案するのは、極めてシンプルなこと、すなわち、私たちは今何をしているのかについて思考するだけである。

ハンナ・アレント『人間の条件[3]』

人間の条件、その真髄は地球であるとアレント（Hannah Arendt, 1906-1975）は記した[4]。しかしそこで示された地球とは、ただ与えられた状態、ひとつの環境という意味において出発点であり、むしろその先を思考すべき条件であった。アレントは「与えられたままの人間存在というのは（世俗的ないい方をすれば）どこからか無償で貰った贈物のようなものである」という。そしてこのような状態にとどまるのではなく、人間の条件を活動的生活（vita acticva）として思考した。

しかしコロナによって、私たちは無償で貰った贈物として常にあるべきはずの住処（すみか）である地球すら失いつつあるのではないだろうか。肉眼で捉えることのできないウイルスは空気中を軽々と往来し、生命から生命へ、人から人へと渡り、かたや変異を繰り返し、その宿主の個々の生命力と拮抗しては、攻防戦を続けている。私たちは今、各々の免疫を唯一の盾として、人類および地球上の生命という総力戦の最中（さなか）にあるかのようである。ウイルスとの闘いにおいて、我々の最大の弱点は（現時点では）肉眼ではそれをみることができないこと、いわば不可視なるものとの闘いであるといえるだろう。私たちはみえないものに対抗し、怯え、日々、そこにいるのかいないのか、自分では捉えることのできないものに脅やかされている。それは言い換えれば、私たち自身が兼ね備えた生身の能力では識別不可能であるという、世界に対する人類の無力と限界を露わにしたともいえるだろう。可視／不可視という境界線は、ウイルスや微生物の世界の前では無力であり、人間がこの眼でみることのできる世界というものが、数多（あまた）ある世界の様相のうち、いかにごく限られたものであるかということに気づかされる。

しかし、たとえいかなるときであっても、答えが出なくとも、私たちは人間である以上「今何をしているのか」と問い続ける必要がある。この問いかけをひとつの手がかりとして、まずはマスクと共に生きるようになった現在の人間の変化について、とりわけ「顔」と「身体」の変貌について検討してみよう。

3　コロナ時代の象徴(イコン)――「マスク」という仮面の虚無

この人物が仮面をつけた男ならば、仮面の背後にはいったい何があるのか？
ニーチェは、そこにあるのもまた仮面である、という。
モーリス・ブランショ『転落、すなわち逃亡』(5)

私たちは今、どのように生き、何をしているのだろうか。

感染拡大予防策としてマスクの着用が義務付けられて以来、はや年単位の月日が経過した。私たちの「顔」は、対外的には常に下半分が覆い隠されるようになり、もはやマスクは顔の一部のようである。人類史における「ウィズ・マスク時代」の幕開けである。

マスクが担うものとは、いったい何であろうか。それは単に、日常的な感染防止策の道具としてだけではなく、社会の成員として、自己と同時に他者の健康を護る義務を果たすという、意思表示の機能をも担っているといえよう。マスクをしていない人を見れば、多くの人が一瞥し、眼差しで無言の叱責を向ける。だがその一方で、世界ではマスク反対派がマスクを着用している人に敵意を向ける事態も起きている。肯定派であれ否定派であれ「マスク」という目視可能な象徴によって、社会は一斉に、そして相互に監視を始めたかのようである。もはやパノプティコン（panopticon）

は不要であり、あらゆる人間が相互に監視しあう新たな管理システム、市民による相互監視体制の様相である。

マスクは現在を生きる「私の顔」の一部になりつつあり、いったいマスクを着用しなくて良い未来がくるのかどうか、現時点ではまだ見通しは立たない。仮にいざマスクを外して良いといわれたとしても、自ら望んでマスクを着用するかもしれない。このような変化に伴い、私たちがこれまで「顔」と名指してきたはずのものもまた、日常的に変貌しつつあるといえよう。ひとたびマスクを外せば、生身の顔というものはこれまでと同じ顔のままではあるが、それはもはや以前と同じ顔ではないはずである。対外的に見せる顔、すなわち〈他者に見せる顔〉そして〈他者に見られる顔〉というものが、マスクを含めたものとして、もはや「マスク」は半顔と化し、常に顔半分を仮面で隠しているかのような状態である。しかも、この仮面には、重なり合う顔の部分（パーツ）も、表情も描かれていない。古来、仮面というものが誕生したとき、生身の顔の代わりにかけられることによって、それが誰であるのか、とりわけ神であるのかどうかを識別する役割を担っていた。しかしマスクに覆われた箇所はいわば白紙であり、むしろそれが誰であるのかがわからないようなものとして機能しているという点において、マスクは仮面とは真逆の匿名化を実現している。こうした正反対の機能が、仮面に慣れ親しんだ文化圏ではむしろマスクに対する拒絶を生んでいるのかもしれないし、大衆に和することを好（よ）しとした文化圏においてマスクは親和性があるのかもしれない。

従来、日本を含めアジア圏では目から感情を読み解く傾向にあり、対して西欧では口元が重要な意味を担ってきた、というのが定説であった。しかし、マスクで終始顔を覆うようになった今、私たちは本当に目元だけで感情を読み解くことができているのであろうか。決してそうではないはずである。事実、日本国内においても眼だけでは感情がわからないため不自由である、という声を多く耳にするようになった。顔として、むしろ眼だけなら隠し通せるものが、思いのほか多くあることに気づかされることもある。おそらくそこには、従来では見落とされてきた「顔」の意義、そしてそれゆえに発生する困難も発見されているのではないだろうか。

このように顔の大半を覆う生活の中で、それでも隠すことはできず、自身も用いる必要があり、少なくとも多くの人が他者に明け渡さなければならないもの。それは眼であり、そして「眼差し」ではないだろうか。つぎに「眼差し」が本来的に担ってきた意味と、その変貌について検討してみよう。

注記：ここでは視覚に関わる個人差を前提として考慮することができないこと、従来の哲学的な議論を前提に「視覚」をある一定の概念として取り扱うこと、視覚を含めたあらゆるものについての個別性とその差異について十全に配慮できぬことをお詫び申し上げたい。

4　視覚と知と真実──「善と太陽」の比喩

それでは、知られるものどもには真実を授け、知るものには知るはたらきをもたらすこのものこそ、善のイデアであると考えてくれたまえ。これは知と真実の原因であって、一方ではこれ自身も知られるものと君は考えなければならないが、他方では両者とも、すなわち、知も真実もともに極めて美しいものではあるけれども、これをそれらとは別のもので、それらよりもさらにいっそう美しいものと考えるなら、君のその考えは正しいということになるだろう。また知と真実については（…）これら両者を善に似たものとみなすのは正しいが、これらのどちらをも善そのものと思うのは正しくなく、人は善のありようをこれよりもっといっそう尊いものとしなければならないのだ。

プラトン『国家』(6)

「見る」ということの意味とその変貌について考えてみよう。「見ること」、そして対象を「見つめる」ということは、人間が自らの視線を向け、観察し、そして思考の焦点を合わせるという意味において、古来より哲学においても重要であると考えられてきた。まずは、曇りない視覚と知、そして真実との関係を検討したプラトン（Πλάτων, BC 427-347）の「太陽の比喩」をみてみよう。

それではこれ〔太陽〕が、善の子供とわたしが言っていたものだと考えてくれたまえ。善はこれを自分自身と類比の関係に立つものとして、すなわち、善が知られる領域において知性と知られるものどもとに対してもつ関係が太陽から見られる領域において視覚とみられるものどもに対してもつ関係とちょうど同じになるものとして生んだのだ（…）目というものは、君も知っているように、人がこれをもはや昼の光ではなく、夜の月や星の明かりがその表面を覆っているものどもの方に向ける時には、ぼんやりとしか見ることがなく、曇りのない視界がそのうちにはなくて、盲目に近いものに思われるものだ（…）けれども、同じ目でありながら、そのうちには曇りのない視覚があるとも思われるのだ（…）それでは、魂のこともこれと同様に次のように考えてくれたまえ。つまり、真実と存在が照らしているもの、そのもののもとに魂がとどまるときには、それは直ち（ただ）に知り、直ちに覚る（さと）のであって、よってそれには知があると思われるのだ。

プラトン『国家』(7)

プラトンは「見る」という行為の中には、すでに「見つめる」主体（わたしもしくは君）と「見つめられる」対象（みられるものども）という二つの立場があること、また「曇りのない視覚」すなわち「魂」があり、魂が「真実と存在が照らしているもの」のもとにとどまるとき、そこには「知」があると示した。曇りなき目で何かを「見つめる」こと、そして知ることの関係は、哲学のみならず人間のあらゆる思想や学問を支える出発点であったはずである（もちろん、このようなイデア論に対する批判的検討を礎として展開した哲学も含めて）。

思考を支える行為そのものであり、真実と存在が照らし出すものを知る上で重要であるとされる視覚。しかし眼差しの対象は、事象や現象の観察にとどまらず、同じように眼差しをもった別の存在の場合もある。眼前に他者という別の存在が現れ、誰かを見つめるとき、あるいは誰かに見つめられるとき、そこにはいかなる関係が生じるのであろうか。西洋哲学の起源（古代ギリシア）から現在（二〇世紀フランス）まで時代を大きく跳躍することになるが、現在のコロナ禍における視覚について重要な示唆となるであろうサルトルの「眼差し（regard）」に注目してみよう。

5　自由の喪失から、再び自由を獲得するために――「眼差し（regard）」と恥辱

われわれはいま現在、闘いのまっただなかにいる。そしてこの闘いは、おそらく長い年月のあいだ続くだろう。けれども、この闘いを定義しておく必要がある。われわれは、人間として共に生きることを求め、人間になることを求めているのだ、と。したがって、この定義の探求と、まさしく人間的なものとなるであろうこの行動の探求――もちろん、ヒューマニズムを超えてだが――、これをとおしてこそ、われわれは自分たちの努力と目的とを考察しうる、ということになる。言いかえれば、われわれの目的とは、各人が人間となるような、また共同社会も同じく人間的となるような、そういう真の構成された社会（corps）に到達す

ることなのだ。

サルトル×レヴィ『いまこそ、希望を』(8)

フランスの哲学者であり小説家・劇作家でもあるサルトル（Jean-Paul Sartre, 1905–1980）は、既存の哲学の伝統、また哲学のみならず大半の学問が重視する視覚において、その「主体 - 客体」という関係性や「みる - みられる」という構造に不可避的であった主体の優位性に一石を投じ、「恥辱」と「不自由」を含んだ独自の眼差し論を展開している。その根底には、眼差しというものがもつ一方向的な構造ゆえに、自己もまた他者であること、さらには眼差しを受けるときに直面する問題をも露わにした。サルトルはこうした自己と他者の関係について興味深い考察を行なっている。

我々は自分ひとりでは、野卑であることがない。したがって、他者は、単に、私があるところのものを、私に顕示しただけではない。他者は、新たな資格の担い手となるべき一つの新たな存在類型にもとづいて、私を構成したのである。かかる存在は、他者の出現以前に、私の内に、潜勢的に存在していたのではない。（…なぜなら、かかる存在は、対自の内に場所を見いだすことができなかったからである。）また、私の身体は、それが他人にとって存在するより以前に、すでに出来上がっていて、どうしようもないのだと人々は言いたがるけれども、だからといって、私の不器用や私の野卑を潜勢的に、私の身体の内に宿らせることはできないであろう。なぜなら、私の不器用や野卑は、意味であるからであり、かかるものとして、それらは、身体を超えており、それらを理解しうる一人の証人を指し示すと同時に、人間存在としての私の全体を指し示すからである。けれども、他者にとってあらわれるこの新たな存在は、他者の内に住むのではない。この新たな存在の責任者は、私である。

サルトル『存在と無』(9)

私（自己）は確かに他者を眼差すことができるが、そのようにして私に眼差しを向けられた他者もまた、その他者にとっての主体たる自己（私から見た他者）であり、その眼より他者である私を眼差すことができる。そのとき、私は自己として在りながら、他者という他なる主体にとっての他者でもある。

他者の眼差しに晒されることは、あたかも他者が眼差す対象としての「物」になることであり、そして眼差された自己はもはや主体ではなく、眼差す主体であった自己にとっての他者として、すなわち他者の対象（客体）として、自由を喪失することになる。言い換えれば、他者の眼差しによって所有された自己は、私の望むような姿でもなければ、私が知り得ないもの、一方的に剥ぎ取られ、私の同意や承諾なしに所有されてしまう、極めて不自由で不公平な状態であるともいえよう。サルトルによれば、それは「他者の前における、自己についての、羞恥」なのである。そして私たちは日常的に、そして不断に、このような所有と喪失を繰り返している。

サルトルはこのような不可避的な状態、互いに恥辱のうちに置かれるという不幸な状態から、人間が脱することのできる方法を考える。自由の喪失を自覚することは、真の自由へと至る道の始まりでもあるのだ。このような自由への方途もまた、現在のコロナ禍において自由の喪失が自覚されることを介して、真の自由を思考する契機ともなり得るはずである。私たちが現在喪失したと感じており、日頃は無自覚に有していた「自由」とは、いかなるものであったのだろうか。

　マスクを着用した状態をひとつの顔として生きる場面は、確かに不自由の連続でもあるが、この他者の「眼差しによる所有」と「恥辱」を、マスクによって主体的に拒絶するという側面、すなわち不自由でありながらも主体的な自由の行使という側面をも内包しているのではないだろうか。マスクを着用し限定的に示す顔は、「私の顔」という全貌を他者の視線に晒すことから回避させ、識別を困難にすることで、個としての「私」の輪郭を暈(ぼか)し、ぼんやりと匿名化させる。マスクがもたらすある種の匿名化を、どこか居心地よく感じる場面があることも否めないだろう。このように、マスクが隠す媒体として機能する時、不自由な一方でその副効用もまた、実に享受されているはずである。マスクは着用を義務化された不自由の象徴でもあるが、同時に、他者による顔の所有と恥辱を拒むものとして、ささやかな自由の獲得の象徴でもある。

6　もうひとつ、別の仕方で――他者の顔を見ることの意味と「倫理」

無限の観念とは有限な思考からその思考内容がはみ出すことであり、それは思考と思考の能力を越えたものとの関係、思考と思考が傷つけられることなく不断に学ぶものとの関係を実現する。そして、これこそ、われわれが顔の迎接（げいせつ）と呼ぶ状況なのである。言説をとおしての対峙、すなわち社会性のうちで、無限の観念は生起する。私には内包し得ない絶対的に他なるもの、私には内包しえないという意味において無限に他なるものとの連関、それが顔との連関である。ただしこの関係は、暴力ぬきで、絶対的他性との平和の中で維持される。〈他人〉の抵抗は私に暴力をふるうことではない。〈他人〉の抵抗はまた否定的な活動でもない。〈他人〉の「抵抗」はある肯定的な構造を有しており、この構造こそ倫理に他ならない。

エマニュエル・レヴィナス『全体性と無限』(10)

マスクの着用によってもたらされるある種の自己の秘匿、その安堵というものは、レヴィナス（Emmanuel Levinas, 1905–1995）のいう「抵抗」の存在を実感させる。レヴィナスもまた、サルトルと同時代を生きた哲学者であったが、ユダヤ人としてリトアニアに生まれ、パリ大学で教鞭を執り、とりわけ第二次世界大戦下の経験はレヴィナスをさらなる「倫理」の問題へと向かわせた。人はいかなる時に他者に対して責任を負い、倫理的な問題を引き受けることができるのだろうか。これは決して過去の問題ではない。現在のコロナ禍において、国家、民族、人種、国籍、そして歴史と名指されてきたものたち（しかしその内実については、今ふたたび問い質されるべきものたち）に複雑に関わりあう問題として、「他者」という存在はさらに切実な問題となって顕在化したといえよう。

ここでレヴィナスが考えた「他者」とは、他人（autrui）よりも、もう一歩踏み込んだ「他なるもの」、すなわち絶対に他なるものとしての他者性（altérité）を有した存在である。

出来事が、それを引き受けることなく、それに対してできることを何もなし得ない主体に起きる、というこのような状況、しかしそれにもかかわらず、出来事が何らかのかたちで主体の面前に存在している、というこのような状況、それは他人との関係、他人との向かい合い〔対面 le face-à-face〕、他人をもたらすと同時にまた他人を遠ざける顔貌（visage）との出会いなのである。「引き受けられた」他者——それが他人である。

レヴィナス『時間と他者』(11)

ここでの「他」性は、先のサルトルが考えたものとはまた異なるものであることがわかるだろう。レヴィナスは自身の出自や信仰を含め、人間はいかに他なるものに対峙し、それを引き受けることができるのか、という問いに生涯向き合った哲学者であるといえよう。彼は他者に対する倫理的な責任について、他者の顔を見るという出来事、それはすでにその他者への応答という責任が生じる不可避的な倫理的場面であると位置づけた。

レヴィナスは、他者から向けられた眼差しのもとで、主体にもたらされるのは恥辱ではなくむしろ「倫理」であり、他者に対する応答の責任であると考えた。他者から向けられた眼差しを引き受け、そして他者の眼差しに応答すること。真理は時として非倫理的でありうるかもしれないが、私たちが互いに誠実な応答を果たすとき、そこに見出されるものは、むしろ眼差しを超えた、生身の生命体として生まれそして存在するもの同士の間に生じる「倫理」の可能性ではないだろうか。

7　友愛（amitié）――フィリア（φιλία）と哲学（φιλοσοφία）、そして自由

友愛について思う。友愛はいつ終わるものなのか、現象学者なら実存的とでも名づけるような不和によってなのか、何かある深刻な争いによってなのか、間違った行為によってなのか（たとえ、そのあとさらに惰性的に続くのだとしても）、それは誰もが知っていると思う。しかし友愛がいつ始まるのか、知っているだろうか？　友愛には、電撃的な雷の一撃のようなものはない。むしろそれは少しずつのもの、緩（ゆる）やかな時の営みだ。思えば、あの頃、友人同士だった、しかしそのことを知らなかった、というような。

モーリス・ブランショ『友愛のために』(12)

「コロナ」は、二十一世紀を迎えたこの地球において、改めて人間同士のうちに、ときに排斥的

な行為となって噴出しては、断絶を深めてもいる。異なるものと共に在り、共に生きる人間の不可避的な複数性において、そのような異なるものたち、差異を内包した私たちの間になお生まれ、育むことができるかもしれない友情とは、いかなるものでありうるのだろうか。古くはアリストテレス（Ἀριστοτέλης, BC 384-322）が言及し、多くの哲学者が思考した「友愛（amitié）」という概念について、とりわけブランショ（Maurice Blanchot, 1907-2003）が示した友愛について、わずかではあるが、〈未来〉への希望を託す意味を込めて触れておきたい。

誠実、不変、忍耐、そしておそらくは永続、これが友愛を示す言葉であり、少なからず友愛が私に与えてくれた贈物である。ギリシア的な「フィリア（φιλία, 友愛）」とは、相互性、同じ者同士が交わし合い、しかし断じて〈他者（Autre）〉への開かれではなく、自己に責任あるものとしての〈他人（Autrui）〉の発見、他人の方が先行して優れてあることの認知、私をけっして静謐のうちにそのままにしてはくれない、他人による眠りからの目覚めと酩酊からの覚醒、その〈至高〉の悦びは、《私》以上にますます善（Bien）へと近づけてゆく悦びなのだ。

ブランショ『友愛のために(13)』

ブランショは〈他者〉を「他」性の際立つ存在者としてではなく、むしろ同じく「人」であることと、しかし同じ人でありながら個別の「他」として尊重し、ある一定の距離を保つという意味において〈他人〉と呼ばれるとき、その他人は私よりも優れてあること。そして友愛は、私以上にその他人を善へと近づけることのできるものであるとされる。

「フィリア（φιλία, 友愛）」は、かつてアリストテレスが考えた三つの友愛のうち、真の友情を示していた。すなわち「フィリア」とは、私という存在と、私以外の存在との間の、極めて自律的で配慮的な距離を有した友情、たとえるなら日本語でいうところの思慮、さらには遠慮（それは本来、遠い先々まで深く考えるという意味であり、言葉や行為のみならず、〈未来〉への思慮をも意味するはずである）が存立する間柄、その友情のうちに密やかに見出された、究極の可能性ではないだろうか。そしてこの混乱した世界の中で、今一度思考され、見出されるべき〈真の繋がり方〉ではないだろうか。

「哲学」もまた、知を愛することを意味する「フィロソフィア（φιλοσοφία）」が語源であるが、イタリアの哲学者アガンベン（Giorgio Agamben, 1942–）は、友愛とは哲学の定義と非常に緊密に結ばれており、その「フィロス（φίλος）」の名の通り、友愛なくして哲学は存在しえなかったことを示している[14]。もしも知を愛するように友を、人を、そしてあらゆるものを愛することができたなら、この殺伐とした世界を見つめるすべての眼差しは、その内にぬくもりを宿し、あたたかなものへと変容するのではないだろうか。数多（あまた）の存在を行き交う眼差しが友愛に満ちたものとなれば、それは恥辱を与えるものではなく、責任を強いるものでもなく、互いにただそこに「在る」ということを認め、そのままに受容し合う、真の自由が実現される世界を生みだすことができるのではないだろうか。

友愛は、常に実存的に共に在る必要はない。すべては胸の内に密やかに育まれ、そして永遠に消えることはない。それは現在のように物理的な距離を隔てるしかない世界において、私たちが希求することの叶う、真の「繫がり」であり、いわば絆ではないだろうか。仮に私たちが顔を合わせることがなかったとしても、たとえば今この瞬間、貴方と私が思考を交わし、束の間、出逢うことができたように。

8　エピローグ　触覚の喪失から再興への祈り
——眼差すことで触れることのできる世界を癒すことについての試論

永い間の疑問でした。世界を正常と汚濁に分けてしまっては何も見えないのではないかと…浄化された世界に私達は憬れてもそこでは生きられない　自然に生まれた耐性ではなく　人間が自分の意志で変えたのですね？　いまはすべてがはっきり見える　恐ろしいほど心が澄んで来た　かくされた意図…（中略）世界の汚染が取り返しのつかぬ状態になった時　人間や他の生物をつくり変えた者達がいた　同じ方法で世界そのものも再生しようとした…有毒物質を結晶化して安定させる方法　千年前に突然攻撃的な生態系が出現した原因…腐海は人の手が造り出したもの（中略）たった数千年で腐海は不毛の大地を回復させようとしています　その役目がすんだら亡びるようにも定められている…目的のある生態系…その存在そのもの

が生命の本来にそぐいません
私達の生命は風や音のようなもの…生まれ　ひびきあい　消えていく

宮崎駿『風の谷のナウシカ』(15)

かつて、夜は闇と静寂に包まれていた。夜は正しく夜であったし、朝もまた正しく朝として、陽光とともに到来した。一九八〇年代、午前零時前後にはテレビ放送も一日を終え、眠れない子供だった私は、夜明けまでひとり、録画したビデオテープを繰り返し巻き戻しては観続けていた。単に持病の喘息が眠らせてくれなかったのかもしれないし、いつしか自らの意志で、苦しい夜闇のうちに眠ることを拒んでいたのかもしれない。ナウシカ、ラピュタ、トトロ、そしてグーニーズ。いずれもテレビ放映（金曜ロードショー）を録画した、コマーシャルを挟んだ映画であった。そんな日々を、何年繰り返したのだろうか。幼い日々に夜毎培養された自我は、いつしか自分もまた、たとえば目にはみえないけれど王蟲のような触手をもち、必要なときにはその触手を伸ばして、誰かにそっと触れ、対話し、ときには誰かの傷を癒し、いつかは他の生命を救うことができるのだと信じてきた。そしてこの世界には、自然と対話し、動植物に話しかけ、人間が人間以外の生命を蝕み、踏み潰し、不幸にすることのないような世界を育む、ただそのためだけに生きる懸命な者たちがいて、世界を守るためには、ときに自らの手で滅ぼし、葬り、隠した宝物があり、その秘密を護り続ける者たちがいるのだ、とも。そして哲学もまた、そのための叡智のひとつであり得るのだと信じては、その一員でありたいと願ってきた。

これらは「人生」と呼ばれるささやかな物語に不可欠な、ある種の夢であり、ヒロイズムであり、神話的英雄が生きる物語の世界観でもあろう。だが、私たちが各々に自らの物語を生きているということは、究極的には、私たちは各々に名もなき英雄としてその物語を生きることを意味しているのではないだろうか。そしてできることならば、そのささやかな世界をより善きものとすべく、ときに小さき悪と闘い、何がしか「生きる」ことの意味を、この世界の行く末を見つめては、人生と使命を果たそうとする。「生きる」とは、そもそもそのような営為ではなかっただろうか。

コロナ禍における物理的な制約によって、今なお身体の可能性は制限され、なかば閉ざされている。私たちになお残されている能力、自由、そして可能性とはいったい何であろうか。そのひとつとして、私たちの眼という器官、そして「眼差し」とその力は、私たちが思っている以上に潜在的であり、健在であり、今なお変貌を遂げ、そのさらなる可能性をも内包しているのではないだろうか。

物理的に触れあうことの困難な現在、マスクによって顔の大半を覆い、行く先々で手指の消毒を繰り返し、他者に触れることは憚(はばか)られ、かろうじて自由なのは眼と脳、すなわち眼差しと思索だけであるかのような時代。だが「眼差し」は、この世界へと這い出し、みえない触手となって、他者の元へと向かうこともできる。そしてこの世界になお意識を伸ばし、傷ついたものを察知し、そっと触れることで、その傷を癒そうと試みることもできる。触覚を失いつつあるかのような世界において、私たちは眼差すことによって、私たちとは別の存在に「触れる」ことができるはずである。それは究極的には、この世界に「眼で触れる」ことに他ならない。

たとえば季節ごとに咲く植物、その花を見るとき、私たちはその花びらの柔らかさを、時には馨しい香りをも想起することができる。それらはもちろん、経験によって獲得された知（あるいは、生得的に有しているはずの知に基づく想起など）であると考えられているが、対象となる花を眼差すことによって端的に、その質感、柔らかさ、儚さ、光によってもたらされる色彩の陰影、そして生命あるものの瑞々しさというものを捉えては、直感的に「識る」ということも、即時的になされているはずである。犬や猫の毛並み、鳥達の羽根、蝶や虫の肢体を見つめ、その輪郭を眼差しでなぞり、遠く近くから撫でるとき、眼は指となって、その祝福された存在の美しさというものに、端的に触れることをゆるされる気持ちがする。触覚を喪失しつつある現在、私たちは生身の肉体、あるいは指や皮膚の代わりに、眼という器官を媒介に、触れ合うことができるのではないだろうか。

マスクを身につけなければ外出すらゆるされることのない現在の私たちは、ウイルスによって汚染された空気に脅かされ、ナウシカさながら腐海と共に暮らす人々のようである。しかし物語の世界において、腐海は瘴気を放出しつつも、その奥底では汚染された世界を浄化するすぐれた生命装置であった。人間もまた汚染された世界に適応し、いつしか清浄な空気の中では生きられない身体に進化させられていた。肉体が徐々に毒に蝕まれ、最期には人体が石化する〈風の谷〉という土地に生きる人々。ナウシカの世界は、ひとつの世紀末を迎えようとしていた。

そこでは、森と蟲（むし）と粘菌が結びつくことによって、自らの肉体を犠牲に生命の苗床とし、互いに捕食し合い、融合し、わずかばかりの瘴気と引き換えに、結晶化された毒は安定し無害化される。その果てに、浄化の役目を終えた生命は生き絶え、結び合った手を離し、やがて壊れて砂状になる。このように美しくもかなしい世界の浄化を、私は未（いま）だ知らない。

「浄化された世界に私達は憬（あこが）れてもそこでは生きられない
自然に生まれた耐性ではなく　人間が自分の意志で変えたのですね？[16]」

――ナウシカの問いかけがふたたび木霊（こだま）する。二〇二一年、人間は歴史の中で発明してきた「ワクチン」という人工物によって、私たちの身体を「コロナ」に適応させ、耐性を、集団免疫を獲得し、まさに「進化」させようとしている。混沌の果てに、希望と義務として提示された、人類総動員の密やかで迅速な肉体の改変である。その結果、私たちはどのように変化し、「進化」するのだろうか。私たちとコロナの行く末もまた、現在進行形であり、「物語」の途上であり、〈未知〉のままである。

だが今こそ私たちは理解すべきであろう、仮に救世主や使徒になぞらえられたとしても、ナウシカ自身もまたひとりの人間であり、その行いは全能ではなく、また完全なる善でもないということを。怯える粘菌を試験管に採取し、その声、その慄（おのの）きを聴き取りながらも、自らの実験室に持ち帰り、互いに捕食しあい息絶えていく様をも観察分析すること。自らの実証実験が必然であり、必要であり、正しいのだと信じ疑わないその姿は、真性の科学者でもある。脚を撃たれた愛馬を命尽きるまでなお走らせ続け、自らのために命を捧げさせる、賭けさせることの大義とはいかなるものでありうるのか。どんな危険な場所へも、毒の蔓延する場所にも愛する小動物を同伴させ、意識を失った自らを懸命に護らせながら、目覚めた時にはその胸の上に亡骸を見つけるとき。抱擁することも、労うことも、見送ることとすらできず孤独のうちに旅立たせたこと。そしてその亡骸を、腐敗した世界のうちにわずかに残された生ける樹木を探し出しその下に埋葬することは、果たしてその死に値する弔足り得るのだろうか。自らを母と慕う巨神兵に名を与え、自らの声のみに応答する彼の力を借り、崩れゆく肉体を必死に動かすよう促し、その生命を賭させてなお人類の過去を葬らせ、世界を護らせたことは、愛ゆえの自己犠牲を相手に差し出させる業以外の何物でもない。彼らは皆、人間が生きる世界の救済と存続というナウシカが引き受けた使命、そして正義に、その命を差し出したのである。

　まさしく人智を超え救世の使命を負い、遣わされた使徒という存在。それはすでにして超越である。そのような存在を人間が要請し、ときに待ち望み、ときに肯定してきたように、使徒自身もまた、その崇高な使命のためには、非情な裁きを下すことをも厭わぬ高みの存在である。しかしナウシカ自身は自らが人間であること、その愚かしい歴史を際限なく繰り返していること、自らもまたその円環から抜け出すことができないであろうこと、それでも賭けなければならないこと、全てを引き受け、真の〈未来〉を生みだすため悪循環を打ち破り、突破と跳躍を遂げようとしていた。今こそ、私たちは彼女をただヒロインとして英雄の座に留めるのではなく、そこに確かに存在する人間の業にも気づき、そして彼女の物語より、理想のみならず人間の愚かさをも学ぶことができるのではないだろうか。

私たちは今、致死と共存の狭間を往来し、肉眼では捉えることのできない不可視なる存在の脅威に晒され、免疫を獲得するためにワクチンという名の微量の体内汚染を受容しながら、コロナとの共生の途を模索している最中であるともいえる。彼らが私を生かすのか、それとも殺すのか。その基準は人智を超えて「わからない」のが現状であり、それは個々の肉体とウイルスとの攻防に賭けられている（そしてすでに多くの尊い命が失われたことも忘れてはならない）。私たちは、このすっかり様変わりした世界に、自らの手で新たな腐海の如きものを模索する必要に迫られているのではないだろうか。しかしその時、私たちが学び実践すべき重要な事柄は、森や蟲たち、そしてまさしく粘菌類のように、人間以外の生命に決してその犠牲を担わせてはならない、「世界」の語が名指すものの適正な拡張と、真の生命倫理の獲得であろう（そして王蟲もまた「虚無の果てに生まれた友愛」によって自らの意志で行動していたことも忘れてはならない）。それが共に生きるこの惑星の住人として、言語を創り出し、あたかも高度な思考と理性を兼ね備えているものと自負する「人間」という存在、数多の中の一生物が、この住処である地球を我が物として政略してきたことへの唯一の償いではないだろうか。

コロナが人災であるとか、陰謀であるとか、あるいは人間の罪に対する罰であるなどという気は全くない。人間もまた大切な人々、多くの生命を失い、さらに失いつつあり、犠牲を強いられている災禍であることは揺るぎない事実である。ただ、一見何ひとつ変わらずに私たちを呼吸させているこの空気中に、私たちを脅かし、私たちを死に至らしめうるウイルスが誕生したのだという出来事（evenement）は、もはや覆すことも、なきものにすることもできない。このような〈現在〉を真摯に受け止め、そして常に思考し、試みる以外、「人間」である私たちに何ができようか。今はただ、ナウシカの言葉に一縷の光を託したい。

「たとえどんなきっかけで生まれようと生命は同じです
精神の偉大さは苦悩の深さによって決まるんです
粘菌の変異体にすら心があります
生命はどんなに小さくとも　外なる宇宙を内なる宇宙に持つのです[17]」

コロナはなぜ生まれ、何を思い、宿主を探し求め、どこへ向かおうとしているのだろうか。彼らは寄る辺なく怯え、駆除されることに慄いているのではないだろうか。共生できるとわかれば、安堵し、宿主になるかもしれない私や貴方を、その生命を食い尽くすことなく、死に至らしめずにはいてくれまいか。もしもそのような対話が可能なのであれば、私の体内に、この世界に生まれた全てのコロナが集まれば良いのにと願わずにはいられない。私はあなたたちを抹殺しない代わりに、この肉体を提供するから、私の内なる世界で共に生きようではないか。もう他へ行く必要はない。それでもなお増殖する必要があるのなら、私と同じように考えてくれるかもしれない誰かの元で、友愛によって結ばれた友の元で、やはり共に生きれば良い。愚劣であるとわかっていても、私はコロナへと語りかけずにはいられない。私たち人類は、この地球上の生命は、今後も宿主なき生命の拠(よ)り所となり、共に生き、わずかばかり遺伝子を交配し、進化し、時に退化し、変貌したとしても、自己組織化の行く末に身を任せ、運命に生命を預けながら、共に生きることはできないだろうか。それは人間の共生にとどまらず、あらゆる生命の共存する場所、私たち人類がいまだ辿り着いたことのない場所、真のユートピア（Utopia）ではないだろうか。それが私たちの肉体において実現されうるのであれば、この世界は瞬時に異なる様相を呈し、全ての闘争は犠牲を手放し、全ての欠落は補完されうるかもしれない。

　いまだ実現しえぬ「どこにもない場所（οὐτόπος）」を希求して、私たちはこう呼びかけることができないだろうか。私はこの肉体をあなたたちの棲家として、家として、世界として提供しよう。共に生きよう、と。

　この世界から誰かの生存の場を奪い、追いやってきたのは、私たち自身かもしれない。仮にそうでないとしても、私たちはこの惑星のうちに生きるあらゆるものたちと、真の共生を目指さなければならない時代に突入したのではないだろうか。「コロナ」はその序章に過ぎないかもしれない。私たちは前例なきもの、不可視なる〈未知なるもの〉を、それらがたとえこの肉眼に見えなくとも、仮に私たち自身をも蝕むものであるとしても、見つめ、眼差し、そして思考せねばならない。すでに私たちは、自らの細胞の数に近しい（三〇兆とも、それよりも多いともいわれる）細菌と共に生き、微生物との共生を実現しているミクロコスモス（Microcosmos）でもあるのだ。個々の内なる宇宙が調和を保つとき、それらの集合体である世界もまた、はじめて調和することができるのではないだろうか。

「コロナ」という名で名指される事態は、まさしく人類にとって〈未知なるもの〉であり、新たな局面であり、異なる時代の幕開けである。そしてその歴史を、物語を真に語ることができる日は、まだ少し遠い〈未来〉である。だが私たちひとりひとりは、それらが語られうるその日が来るまで、紛れもない歴史の生き証人でもある。人間が人間として生き、人間とはいかなるものであるのかを明らかにしようと望むことは、人間と人間以外の生命の重なりと異なりを明らかにすることでもあり、それは真の共生・共存を思考する礎となるはずである。

この世界のあらゆる事象、現象、存在、そして思考と営為もまた、この宇宙の一部として全て記憶されているという説がある。仮に私たちひとりひとりのささやかな生を見届ける者が一見どこにもいないように見えたとしても、私たちが生きる瞬間、そのすべてがどこかに記録されているのだとしたら、私たちは自らが真に望むような自己として、あらゆる瞬間を生きることができるのではないだろうか。人は誰しも、各々の「物語」を生きている。そしてその物語を語り出すこともまた、誰かとそのささやかな世界を共有し、時には友愛が生まれ、たとえ変わらず孤独でありながらも共に生きることができるかもしれない。そのような希望のもとに、本章をこの試論で閉じたいと思う。たとえ真理のもとに、陽光のもとになかったとしても、私たちは「眼差す」ことでその本質に触れんと願うことができるはずである。ただ「視る」ことに留まるのではなく、不可視なるものを可視化することのかなう身体の象徴が「眼」という器官であるとするならば、他なる存在に「眼で触れる」ことも、未だ不在のものを眼前に立ち現れさせることも、眼というひとつの器官が担うことのかなう使命であるのかもしれない。腐海がひとつの理念の具現化であったとするならば、それは何処よりもまず、それを視ることのかなう場所、すなわち精神という地平のうちに見出されたはずである。私たちは、かたや他なるものへと眼差しを馳せ眼で触れつつ、かたや自らが求め描くべき「世界」を、その稜線を、瞼の裏に想い描くことができる。仮に私たち人間が、このコロナ禍という〈現在〉において、あたかも腐海の如き浄化装置をこの世界のうちに生み出すことができるとすれば、それは何よりもまず精神の内にあり、それは思索によって各々の内に想い描き、育むもの、そのはじまりはあたかも夢の如きささやかなものでしかあり得ないのではないだろうか。そして人間の内なる腐海とは、思索の果てに生み出される内なる生態系であり、宇宙ではないだろうか。

　そのような意味において、本章はこの〈未知なるもの〉を思考すること、そして哲学という万学の祖であり人間の叡智の一端が、〈今〉を生き抜くことについて、たとえ僅かばかりであったとしても、そのための力となり得るかもしれないこと。そして災禍のもとにあってなお、より善きものを希求することの可能性について、これらの文字が貴方の眼に触れることを通して、貴方の思考と心の一端にそっと手を伸ばし、僅かでも触れることが叶ったのであれば幸甚である。

いつの日か、やがて〈現在〉も歴史の一部として語られる〈未来の世界〉のために。今まさに、人間が自分の意志で変えつつあるこの肉体と共に、そして顔と身体の変貌と共に、見つめることの叶うものを見つめ、思考し、語り、そして記録し続けようではないか。たとえ今はその意味がわからなかったとしても、〈未知なるもの〉の最中（さなか）にあり続けるのだとしても、ただひとつ確かなものは、私たちは自らの存在のうちにある可能性を模索しつつ、今この瞬間も、共に、より善い世界を目指していくことができるはずである。物理的な距離をも超えて、眼差すことで触れることの叶う世界が、今よりもっと柔らかに、互いに優しく触れ合い、より善き未来となることを願っている。

この世界のうちに、人間という腐海を育む苗床こそ、思索であり、哲学であることを今なお信じて。今こそふたたび、そして新たに、呼びかけたい。

ὦ φίλοι, οὐδεὶς φίλος

ああ、友よ。

《了》

注

引用箇所は翻訳のあるものは参照しつつ、必要に応じ拙訳を用いたことを付記する。

（1） Camus (1947). pp. 49–50.
（2） Camus (1947). p. 85.
（3） Arendt (1958). p. 5.
（4） Arendt (1958). p. 2.
（5） Blanchot (1971). p. 230.
（6） プラトン『国家』509a（今井、1993, p. 31）
（7） プラトン『国家』508b–509a（今井、1993, pp. 30–33）
（8） Sartre, et Lévy (1991). p. 32.（サルトル×レヴィ、2019, p. 45）
（9） Sartre (1943). p. 260（サルトル、2007–2008, 2, p. 20）
（10） Levinas (1961). p. 215（レヴィナス、1989, pp. 285–286）
（11） Levinas (1948). p. 67（レヴィナス、1986, p. 71）
（12） Blanchot (1996). p. 7（ブランショ、2001, p. 9）
（13） Blanchot (1996). pp. 33–34（ブランショ、2001, p. 30）
（14） Agamben (2007). p. 1.
（15） 宮崎（1995). pp. 130–132.
（16） 宮崎（1995). p. 130.
（17） 宮崎（1995). p. 133.

第6章　バリ島のコメディ劇における「障害」のある身体を巡る遊戯(1)

吉田ゆか子・田中みわ子

1　バリ社会における障害とコメディ

異質な身体と出会ったときに、われわれのコミュニケーションは硬直しがちである。それが、社会的に「障害」とよばれる諸特徴を備えていたならばなおさらである。視線を向けても良いのか、言及しても良いのか、触れても良いのか、真似する子供は窘めたほうが良いのか。多様な配慮・気遣いのなかで、ふと身構えてしまう。この問題は、COVID-19のパンデミックのなかでさらに複雑化しているように見える。

コロナ下においては、様々な違いや感情の肌理(きめ)を含み込んだ生身の身体との濃密な関わり合いが減少した。ウィルスにせよ他者にせよ、異質なものに対する警戒感が強まる現在、異質な身体と出会うときの我々の身体もまたある種硬直しているのではないか。東京オリンピック・パラリンピックの開催を背景として、障害の身体がメディアで表象されることは増えたが、その姿が、多様性を表現する記号の一つとして消費されてしまう面もあった。(2) 多様な身体を包摂する社会のイメージを共有してゆくこと自体は重要であるが、生身の身体性から遠ざかったまま、多様性への理解やその賛美が推し進められていることも懸念される。

本章では身体の差異や特異性を巡るコミュニケーションの可能性について考えるために、インドネシアのバリ島の演劇における身体の不具合や欠損の表現へ目をむける。

バリ島の演劇においては、実に多様な身体が舞台上で表現される。左右非対称に歪んだ顔、飛び出た歯、片足をひきずったいわゆるびっこ、痙攣、チック、吃音や鼻づまりの声、難聴等々。そして、それは多くの場合コメディに用いられ、身体の特異性は笑いのたねになる。役者は、不規則で不安定な身振りや、不自由な発話、とっぴな顔の表情、ナンセンスな物言いで、場を撹乱し、壮麗なる神話や王国時代の物語に生き生きとしたニュアンスを添える。また、観客たちは、これらの演技を見て大いに笑うのである。これら遊戯性に満ちたやり取りには、異質な身体をめぐる先述の「硬直」を見てとることは難しい。また、後述するように、そこでの身体の異質性は、何かの記号に還元しきれない形で存在している。なお、バリ島では、ヒンドゥ教徒が八割以上を占め、演劇はヒンドゥ教儀礼に付随する形で上演されることが多い。神々を迎える儀礼空間において、この道化のシーンは、独特なる熱気を生じてもいる。

こうした障害の演技は、通常いわゆる「健常者」の役者によって行われるが、少数ながら実際に身体に欠損を有しながら芸能活動を行う者たちがいる。彼らの身体的な特徴、それらが生み出す動作、振舞い、声もまた、ジョークのネタとなり、笑いを引き起こす。本稿では、こうした実際の欠損を抱える芸能者の上演に注目する。[3] 身体の欠損や不具合に対するバリ芸能のこの遊び心の背景には、どのような価値観や規範があるのだろうか。「障害のある」パフォーマーやその共演者たちは笑いを誘うことで何を達成しているのだろうか？ そしてこのようなコミカルな遊びを通して、彼らの身体の意味はどのように形成されたり、あるいは交渉されたりするのであろうか？ 本章は、二つの上演の事例を取り上げながら、こうした問いを検討するものである。

障害学は、西洋的な障害のカテゴリーや障害者の位置づけは決して普遍的なものではなく、それぞれの文化的な文脈に依存していることを明らかにしてきた（e.g. イングスタッド・ホワイト、2006）。バリのヒンドゥ教の観点からは、身体の欠損や不具合はカルマと結びつけて解釈されることが一般的である。それらは、前世の不徳のあらわれとされる為に、家族の恥として隠されるケースもあるようだ。また寺院の大祭に際して立ち入りを禁止されることがあったり、最高位の司祭（*pedanda*）になれないとされたりするなど、宗教上の制限がある面もある。[4] 他方で、ヒンドゥ教の輪廻転生の世界観は、すべての人間は不完全であるという考え方にもつながる。人間は、過ちを犯し至らなさを抱えているからこそ、再びこの世に生まれてきた。そうでなければ、輪廻転生のサイクルから解脱し、神となる。この世界観においては、全ての人類は、いまだ神の世界には届かない不完全な存在ということになる。

バリの伝統的な演劇では、高貴な身分の者以外、すなわち庶民役は、通常何かしら性格や身体に不具合を抱えている者として表現されるが、ここにはこうした不完全な存在としての人間観が影響しているように見える。道化の抱える不完全さはある意味で人間の、特に庶民の特徴を示すものでもあり、人間社会の多様性の表現であり、そして庶民である観客にとっては自身のある種誇張された姿のようなものである。

2　障害をめぐる笑いについての先行研究

世界各地で障害者や、障害を真似る健常者が演劇や祝祭に出現していたことは良く知られている。文化人類学者の山口昌男は『道化の民俗学』（1985）の中で、これらを「異形の者」と呼び、彼らの周縁性や、逸脱的な身体や行動が、規範に縛られる日常世界に活力をもたらすと指摘した。規範の枠に収まらない道化の在り方が、普段の生活の中で抑制されたり端に追いやられたりしてきた人々の意識を活性化するとした彼の議論は、道化の身体のもつ喚起力を豊かに描きだしている。しかし他方でこの論は、そうした身体をもつ側の人間にとって笑われたり笑わせたりする経験がいかなるものであるか、そして彼らの意図がどんなものであるのかについては明らかにしていない。またバリの道化による欠損の表現は、日常的な他者の身体との交流や模倣に基盤をもつものでもある。

いかつい見かけと（構音障害に似た）舌足らずの喋り方のギャップで人気を博した演者、故イダ・バグース・インドラ（Ida Bagus Indra）は生前、幼少期に近所の変わった声をもつ友人をからかって口真似しているうちにその喋り方を身に着けたと語っていた（インタビュー二〇一四年八月二八日）。こうしたケースをみる限りバリ演劇の笑いは、日常の対極として道化の身体を位置づけることの山口の枠組みには収まりきらない部分がある様に思える(5)。

障害のある演者によるコメディや笑いの実践は、とりわけ一九八〇年代以降の英米を中心とした障害学において、障害に対する文化的態度や認識を変容させるものとして注目されるようになっている（Wilde, 2018）。たとえば、「感動ポルノ（inspiration porn）という言葉で、障害者のステレオタイプを痛烈に批判したコメディアンのステラ・ヤングは、障害者に感動物語を期待する観客のことを皮肉ったり、からかったりしながら、みずからの障害や車椅子生活の様子を、ジョークを交えて面白可笑しく語ることで知られていた人物である。障害学が焦点を当てるのは、ヤングの例にみられるように、身体の（ないし障害の）経験そのものがもつ積極的な意味やユーモアの感覚であり、従来の障害者イメージや表象文化に対する「抵抗」や「異議申し立て」といった社会批判の側面である。

ここには、NHKのバラエティ番組『バリバラ』を分析しながら塙幸枝が論じた「笑われる（見られる）存在」から「笑わせる（見せる）存在」への転換をみることができる。塙によれば、私たちが「障害者を笑ってはいけない」と思うようになったのは、かつて見世物として「笑われる対象」であった障害者が、福祉や医療という枠組みの介入により、「可哀そうな」「頑張っている」「純粋無垢の」存在とみなされるようになったことに起因する。こうした個人の身に起こった悲劇として障害を捉える見方を、障害学では「伝統的（個人的）悲劇モデル」と呼び、障害者のステレオタイプであると批判してきた（Bearnes et al. 1999）。他方、障害の「アファーマティヴ・モデル」は、障害のアイデンティティをポジティヴなものと捉え、差異を称賛する見方であり、伝統的悲劇モデルに対する直截的な批判として機能する（Swain & French, 2000）。ヤングや『バリバラ』の場合のように、障害者によるコメディは、障害者を「笑わせる主体」とすることに加え、観る側の障害認識に働きかけるという意味において、「アファーマティヴ・モデル」を体現しているといえるだろう。

塙の論考は、「障害者」と「健常者」とのあいだに生じる齟齬や認識のズレをネタに障害者が笑いをとる事例を取り上げながら、それを笑えたり笑えなかったりするうえで、観客の側の複数の枠組み（フレーム）が作用していることを明らかにしたものである。それは、人々が共有している障害者のイメージや障害者に対する適切な態度といったフレームであり、そうしたフレームそのものからの逸脱が許容されるバラエティというフレームであったりする。観客は、そうしたフレームのなかで自分自身が批判の対象であることを認識させられ、戸惑いを感じながらも、自分自身が拘束されてきた障害者への振る舞い方やコミュニケーションの規範を問いなおすことができるのである（塙 2018: 221）。

しかし、障害者が笑いを生み出す側になることを重視するこの論考は、上演を演者が主体的に演じたものと前提しており、演者が予期しなかったような即興的な共演者の動きや、観客の反応等は、その分析から零れ落ちてしまう。また、塙の議論は、あくまでも障害者のパフォーマンスを論じたものであり、その枠組みを離れたところで生起しうる笑いを捉えることができない。加えて、塙の分析は、笑いの構造を解明することに注力しており、笑いの源泉となる生身の身体性やそれを巡るやりとりはむしろ後景化してしまっている。

そこで本稿では、上演を構造的に把握するのではなく、また演者個人の作品としてとらえるのでもなく、複数の演者たちや観客とのあいだで即興的に織りなされるプロセスとしてとらえる。身体の欠損や特異性が、どのような表現や振る舞いを引き起こすのか、そして他の身体とのあいだにどのような意味の交渉の場がみられるのか、よりミクロな視点から分析を試みたい。次節では、身体に実際の「障害」を抱える演者たちの事例へ目を転じよう。

3　事例1　特異な声の女優ヌンガーによる言い損ないや聞き間違い

ヌンガーの名で呼ばれるニ・カデッ・ラスニンシー（Ni Kadek Rasninsih）は、一九六七年生まれで、先天的な口蓋垂裂による構音障害を持ち、Sの音をはじめ、いくつかの子音が発音できない。彼女はこの特徴的な声を逆手にとり、滑稽な声をもつ役者として活躍している。彼女が演じるのは、バリの伝統的な歌舞劇アルジャ（*arja*）の中に出てくる、リクー（Liku）という役である。リクーは間抜けな王女や姫であり、欲の強さ、頭の悪さや、男ったらしやぶりっ子などの性格を演じるものである。衣装やメイクは派手で、所作も大げさにして過剰さを印象づける。

ヌンガーは幼少期からレストランやホテル等で踊っており、それが生計の一部を支えていた時期もあったが、演劇の世界に入ったのは、友人の誘いがあった二〇〇二年のことである。リクー役をするべきだ、あなたの舌には星がある、と勧められた。ヌンガーははじめ半信半疑であったものの、上演してみると好評で、以降リクー役を演じ続けている。当初娘は、お母さんが喋って笑われるなんて可哀そうだと反対したが今ではその活動を応援しているという（ヌンガーインタビュー二〇一三年一二月五日）。二〇〇八年には全島規模のコンテストで最優秀リクー賞を受賞してもいる。特定のグループに属さないで活動するヌンガーであるが、よく相棒を務める相手にデサッ・ライ（Desak Rai）役のワヤンという女性がいる。デサッ・ライとは、リクーに仕える女官役であり、破天荒なリクーの言動や振舞いに驚いたり、困らせられたり、あるいは逆にそれをたしなめたりしながら会話を紡いでゆく。演技上リクー役との絡みが多いため、その相性は重要となる。

プレンボン劇

ここでは、バリ島中部の村ブラキウ（Blahkiuh）で、二〇一三年一二月一七日に寺院の周年祭（*odalan*）の夜の余興として行われたプレンボン劇（*prembon*）を事例として取り上げる。プレンボンとは、バリの複数の伝統的な演劇ジャンルの役柄を取り混ぜて上演される娯楽性の高い演劇で、歌や踊りも交えながら歴史や神話上の王国物語を演じる。この日の物語は、王やその従者たちが供儀に用いる、ある動物を求めて森を旅するというもので、ヌンガーの演じたリクーはこの森に住まう姫役という設定であった。姫は女官をしたがえ、森で植物や動物を守り世話しながら暮らしていた。王が求め探し回っていた動物が、この姫の元にあることを知ると、王は姫にそれを譲るよう求めた。すると彼女は代わりに自分を妻にすることを要求し、これが叶った。バリの演劇ではよくあることであるが、上演において、ストーリー自体はそれほど重要ではなく、むしろそれぞれの場面で半ば即興的に挿入される様々な話題や、歌、踊りも含めたそれぞれのキャラクターの個性、そしてそのキャラクター間の絡みの面白さで魅せることに比重がおかれる。

この日は村外の演者が六名呼ばれ、そこに地元の演者一人が加わって上演をおこなった。地元の男性たちが、ガムランで伴奏を担った。ヌンガーにとっては共演者の半数が初対面であり、特に普段の相方のワヤンではない相手がデサッ・ライを務めたことから、少々難しかったと後日ヌンガーは語っていた。

バリの演劇では通常、役柄の最初の登場に際して直ぐに姿を見せず、舞台の後ろ側にひかれたカーテンの裏から歌を歌ったりセリフを言ったりして観客をひきつけ、じらす。特にヌンガーの場合、人々がその声のとっぴさに驚かされるこの入場シーンが初めの大きな見せ場となる。この日のヌンガーの演技は、先に登場していたデサッ・ライ役がカーテンの前で「どうぞどうぞおいでください」と促すなか、リクーが高圧的にがなり立てるところからはじまった。デサッ・ライは自分が十分に朝の仕事を終え、主人を迎える準備が万端であると語り、主の登場を促す。それを聞いたリクーは、「ライ、私は今から行く、行く、行くわ」と言うが、この「行く」という意味のバリ語「プスー（*pesu*）」を、デサッ・ライ役はわざと「ムジュー（*meju,* ウンチの意）」と聞き間違え、「ならば、どうぞウンチ、ウンチ、ウンチを」と言い返す。あらためて、「行く、行く、行く（*pesu pesu pesu*）」と言い直したリクーに、デサッ・ライは「メニュー、メニュー、メニュー（*menyu menyu menyu*）」と、彼女の発音を誇張しながら模倣してみせる。この *menyu* には特に意味がないが、そのように響く彼女の発音を強調しながら、観客を笑わせているのである。デサッ・ライといくつかセリフのやり取りをしたあと、ヌンガーはカーテンを少しずつ開け、大きなつけまつげと、冠についた花を揺らし、満面の笑みで踊り歌いながら姿を現した。ヌンガーの良く整った顔と、特徴的な声をもちいた「下ネタ」のギャップも魅力の一つである（図6-1）。

登場した後もこのように、相手に発音を「いじられる」場面があり、またヌンガー自身が明らかに声の特徴を誇張して発声する場面もみられる。たとえば、「チョチョッ（*cocok,* お似合いの意）」を「ニョニョ（*nyonyo,* おっぱい）」と発音したりする。なお、ヌンガーの発する言葉は共演者・観客共に十分理解できるようで、こうした意図的な言い損ないや聞き間違いをする以外の場面では、コミュニケーションにほぼ支障がないようであった。

話が進むにつれ、声についての言及はしだいに稀になる。今回の事例の上演は約二時間半続き、

図6-1　姫リクー（ヌンガー・左）と女官デサッ・ライ（右）

そのうち一時間弱にヌンガーが登場していたが、声質で笑わせるだけでは、それほど場が「もたない」ともいえる。バリでは女性が太鼓をたたくことはあまり一般的ではないが、ヌンガーは男勝りに太鼓をたたき、伴奏しているガムラングループと共演してみせた（図6-2）。また聖獣バロンと魔女ランダの有名な戦いのシーンを劇中劇のように上演してみたり、その途中で憑依してしまい、憑依霊として共演者に様々な要求をする演技など、声の特徴とは別に、彼女はいくつかの「持ちネタ」を有している[6]。憑依したかのように声と身体を震わせるヌンガーの様子や「お供えが足りない」などと言ってデサッ・ライに様々な金品を要求するがめつい憑依霊の言葉に、観客は多いに沸いていた。

またヌンガーはお客をからかったり、伴奏者を誘惑してみせたりしながら、様々な人々を上演に巻き込んでゆく。そのなかでは、観客の身体を笑いのネ

図 6-2　リクー（ヌンガー）の太鼓の演技

タにすることもある。たとえば、ここには私の同胞がいるときりだし、「あの太ってる人。とっても太ってる」と言いながら観客の一人を指さした。また、彼女とのエピソードとして、舞台前にコーヒーを振舞われたという出来事を話した。（以下、Lはリクー、Dはデサッ・ライの台詞である）。

L）……私がぼーっとしていたとき、婦人会がコーヒーを持ってきてくれたのだけど。
D）それで？
L）その太った人だったの。
D）そう
L）お尻がおおきくて、腰も太くて、コーヒーを運んで、コーヒーが揺れてた。カプレス、カプレス、カプレスと音がするほど。
D）何が鳴っているのですか？
L）お尻がぶつかって

D）お尻が鳴っているのですか？

L）鳴っているの、ぶつかって。音がするお尻ってあるのね。考えちゃったわ。こんなにお尻が大きいなら、おならはどうなるだろうってね。私が座ってすぐにコーヒーを運んできて、「奥さんコーヒー？　それともお紅茶？」「奥さんコーヒー？　それともお紅茶？」（と聞くので）「あら違います。私は人間ですの」って言ったわ。

腰を振りつつお尻を突き出してのそのそとコーヒーを運ぶ真似をするヌンガーの姿に、観客は大きな声をあげて笑った。このように、ヌンガーがいつも笑われる側にいるのではなく、ヌンガーに巻き込まれながら、観客の身体もまた笑いのネタになりうるのである[7]。なお、コーヒーか紅茶か、と聞かれた時の返しは、他の役者もよく使うおなじみのジョークであり、作り話である。

「生まれつき」と演技のあいだで

ヌンガーはインドネシア語でのインタビューのなかで、「欠点の裏側に利点がある（*dibalik kekurangan ada kelebihan*）」と語った。欠点だと思っていた自分の声が、自分の魅力や得意技を秘めていたということである。なおヌンガーによると、彼女の声の利点は、自分の目印となることである。観客にあの声の役者、として覚えてもらいやすいのだという。また、他の演者が言うと下品と受け取られるような下ネタも、彼女の声だと許容されやすいのが強みだと語った（インタビュー二〇一四年八月二七日)。たとえば、彼女の持ちネタの一つに、「寝ている人を邪魔してはいけない(*da ngaduk ngaduk anak sirep*)」というフレーズを言い損なって「寝ている人を犯してはいけない(*da ngatuk ngatuk anak sirep*)」と言ってしまうというものもある。こうした性的にきわどいジョークは多くの観客に喜ばれる一方で、社会的にはよろしくないものとされる面もあり、加減が難しい。でもヌンガーならば、そういう風にしか発音できないのだから、と観客に了解されるのだという。

ただしさらに興味深いのは、彼女の声が生まれつきのものなのか、演技で作られたモノなのかが、舞台上ではやや曖昧であるという点である。上演後の彼女に観客が声をかけ、その舌足らずの声が果たして「本物」だったのかを確かめに来たこともあった。元々の喋り方なのだと知ると、その青年は感嘆しながら満足げに帰っていった。「声を作るのがなんて上手なんだ!」と言われることもあるという。褒められた手前それが天然(*asli*)なのだと言うこともできず黙ってしまうのだと、ヌンガーは冗談めかして語っていた(インタビュー二〇一四年八月二七日)。第二節で既述したイダ・バグース・インドラもその一例であるが、バリの演劇ではもともと道化の芸として構音障害のある声を取り入れてきた歴史がある。ヌンガーの演技もこの伝統の流れのなかにあるといえ、彼女もまた模倣によってこの「芸」を獲得したのだと観客が捉えても不思議ではないのである。ちなみにこの事例1では、道化ボンドレス(後述)の一人がチックを思わせる動きをジョークのネタにしていた。「生まれつき」の声の特異性を利用したジョークと、作り物のチックのジョークの両者は、舞台上では特に区別されることなく、どちらも観客を笑わせていた。

なお、ヌンガーの声はジョークにおいてその魅力を発揮するが、裏を返せば、声は彼女の思いとは無関係に笑いにつながってしまうということでもある。リクーには適しているが、シリアスな役には使えない人材だとヌンガーを評する者もいた。しかし、この点に関して、彼女が特にネガティブにとらえている様子はない。身体的特徴や声質や気性によって芸能活動が方向付けられることは、バリの芸能者のキャリアにおいてごく一般的な事である。周囲の大人たちも、子どもの様子を注意深く観察し、この子は演奏家に向いている、であるとか、いやいや優形（やさがた）の舞踊の方が向いている、といったことを日々話題にする。「障害」に限らずそれぞれの人の特徴から、自分が神に与えられた才能、運命がなんであるかを探し出してゆくのである。そしてもちろん、芸はそうした天性の資質によってのみ形作られているのではない。彼女の「天然」の声の特徴を活かすのは、ヌンガーや共演者の「技」である。ヌンガーと相方のワヤンは、ヌンガーの声がより面白く響くように、様々な言い損ない、聞き間違いの例を探し、ジョークのネタを蓄積し、共有している。二人の上演では、テンポよくそうしたネタを投入し、ヌンガーが別の相手と組む上演では、そういった試行錯誤が舞台上で即興的になされる。こうした点においては、構音障害を模倣するいわゆる「健常者」の役者のケースと何ら変わりがないといえる。なお身体を使ったジョークのなかでも、ビッコをひくなど、肢体不自由を真似ることは容易であるが、声質や発音の欠損の模倣は比較的難易度が高くできる者は限られている。それだけにヌンガーの声は、重要な強みであるといえる。

ところでヌンガーの声が「生まれつきなのか演技なのか」その境界が曖昧であることは、彼女の障害が見えやすい「障害」ではないことにも由来する。塙（2018）やその他の障害学系のコメディ研究が前提とするような「障害者のパフォーマンス」というフレームが、この事例では不明瞭であり、ヌンガーもまた障害者のパフォーマーとして舞台に登場しているわけではない。ヌンガーは障害関連のイベントに司会や演者として呼ばれたことがあり、彼女を障害と結びつける見方もあることは知っている。またヌンガー自身、そのような機会には積極的に協力してもいる。しかし彼女は自らを障害者として認識してはいない。また宗教儀礼の場で行われたこの上演においては、「障害」という言葉は一度も用いられず、共演者や観客も「障害者の」というフレームを用いて彼女の演技を味わい鑑賞していたわけではない。また彼女の声の遊びがもたらす効果は、日常生活における言語や言葉遣いの規範をはみ出し、揺さぶるものではあるとはいえ、共演者や観客との間に生じる齟齬や規範、障害のない周囲の人々の認識を批判するのではなく、あくまで「共に」笑うところに繰り広げられ、発揮されているのである。

4　事例2　視覚障害者団体ルワ・ビネダによる歌と道化劇

ルワ・ビネダ・デンパサール障害者芸能団（Sanggar Seni Penyadan Cacat “Rwa Bineda” Kota Denpasar, 以下ルワ・ビネダと表記）は、州都デンパサールを拠点とする、視覚障害者によるグループである。資本家の支援も受けながら一九九六年に設立され、州政府主催の芸術祭や、デンパサール市の福祉関連の行事、つてのある寺院や個人宅での儀礼などを舞台に芸能活動を行っている。二〇一四年には世話人を含めて三二人が所属していた。鍵盤打楽器のアンサンブルであるガムラン（*gamelan*）の演奏や、歌、演劇などの活動を行っている。

リーダーのイ・クトゥッ・マシール（I Ketut Masir）は一九六四年生まれで、生まれつき全盲であるが、バリでは珍しい全盲の大卒者として一目おかれている。彼の芸能活動の幅は広く、歌、仮面舞踊劇、ガムラン演奏、作詞などをこなす。彼も含め、ルワ・ビネダのメンバーのほとんどは、既婚者で、マッサージ師として生計を立てている。個人で開業しているケースもあるが、デンパサールにある福祉機関の事務局のはいった建物の一角にあるマッサージ室に交代でマッサージ師として勤務する者も多い。その事務所は芸能の練習場所としても使われている。

ルワ・ビネダの世話人の一人に、ガムラン指導者のイ・クトゥッ・マンドラ（I Ketut Mandra）がいる。彼は晴眼者で、演奏の稽古をつけたり、上演機会を見つけてきたりと、色々な形でこのグループの活動を支援していた。

今回筆者らが着目するのは、二〇一三年一二月四日に、バリの州都デンパサールのある王族の家で行われた、子どもの誕生三ヶ月を祝う儀礼の余興の事例である。儀礼を主催した王族の一人が、マンドラの仕事仲間であり、そのつてでルワ・ビネダは余興上演のために呼ばれた。会場の中央にある建物の軒下にカーペットがしかれ、ルワ・ビネダの面々がその上に座った。この上演は、三つの芸能から構成され、一つ目の演目、歌語りは約三五分間続いた。一人が点字で書かれたカウィ語

図6-3　ゲンジェッ上演風景　中央でマイクをもつのがマシール

の歌詞を指でなぞりながら歌い、それをもう一人がバリ語で言いなおしながら解説するという芸能で、ググンタガン（*geguntangan*）という形式のガムラン音楽が伴奏する。これは人間の観客に対してという以上に神々にささげるという意味合いが強い演目である。紙面に限りがあるため本稿ではこの部分は考察から除外する。歌語りの次に、酒飲み歌ゲンジェッ、そしてボンドレス劇が行われた。この二つについて、それぞれの状況を描写した上で、考察を進めてゆく。

酒飲み歌ゲンジェッ

約四〇分続いたこの上演も、ストーリー性のある歌を歌うものである。みなで合唱しながら、体をゆすり、ちょっとした振付もある（図6-3）。ググンタガンの音楽も伴うが、リズムパートを歌ったりもするリズミカルなものである。マシールが作詞した『愛（*tresna*）』という曲が歌われた。歌詞の意味は概ね以下のようなものである。

〈1番〉　スワスティアストゥ（「神の恵みによって、いつも平和でありますよう」にとの挨拶）。皆様、なにも持たずにこの場に参ったことをお許し下さい。我々は、障害者のゲンジェッのグループです。みなさまを楽しませたい気持ちでいっぱいです。
〈2番〉　観客の皆様、我々は障害者のゲンジェッのグループであり、芸術文化を学びたい者たちです。ルワ・ビネダというグループに集いました。もしも失礼があればお許しください。まだほんの初心者です。
〈3番〉　この世に生きる喜び、ましてや我々が一緒になって、一緒に働く。ましてやマッサージ師になって。今日稼いでも明日にはスッカラカン。
〈4番〉　何で何でこの世の俺の運命こんなにひどいのか。俺は欠陥のある若者で、美男子でもないし、金もないし、目が見えない。兄さん兄さんこの世の後悔は大きい。私はお兄さんが、不足だらけの若者と知っているわ。私の愛については心配しないで。
〈5番〉　私はあなたをまっすぐ愛している。どうしょうもなく愛してしまった。あなたは自動車持ちだといったのに、なぜそれが借り物だったの。あなたって、自分を金持ちに見せたい若者ね。でももう過ぎたこと。
〈6番〉　いつも女の子に逃げられる運命は辛い。女よ私をおいて去らないでくれ。貧乏だって俺は自分の責任はとれるのだから。

〈7番〉観客のみなさま、失礼いたします。またいつか続きをお話いたしましょう。

ボンドレス劇

酒飲み歌のあとに続いたのが、約四三分間の即興のコメディ劇であった。トンペル（Tompel）とソキル（Sokir）という芸名で知られるボンドレス二人が登場した（図6-4）。ボンドレス（*bondres*）とは庶民という設定の道化であり、粗末な衣装を着て、不細工な顔をし、間抜けな発話や振舞いで笑わせる役である。舞台上では言及されなかったものの、彼らは実はマンドラの親せきや同郷人で、ルワ・ビネダとの共演は何度も経験している。ゲンジェを終えたルワ・ビネダのメンバーはその場にとどまり、ググンタガンで伴奏を付けたり、くつろいだ様子でボンドレスの言葉に耳を傾けたりしていた。

図 6-4　ボンドレスの二人。トンペル（左）とソキル（右）

トンペルはひしゃげた顔で地方訛りの特徴的なしゃべり方をする。ソキルは、小太りの見掛けにそぐわない甲高い声を出し早口でまくしたてる。二人は島内トップクラスの人気コメディ・グループのメンバーである。特にストーリーはなく、この日の上演の前半は彼らの巧みな話術と、滑稽な踊りからなるコメディ劇で、後半は彼らやその他のゲストが流行歌を次々と歌ってゆくカラオケショーとなった。

この上演でボンドレスの二人は、ルワ・ビネダのメンバーたちを即興劇に巻き込んだ。たとえば、踊りながら入場するなりトンペルは「わー視覚障害者が伴奏している。アンセル（*angsel*）ができるのか⁉」と驚いて見せる。アンセルとは、踊りの合図をきっかけに、演奏にアクセントを入れるものである。実は、上述の指導者マンドラが演奏に参加しており、彼がトンペルの動きを見て、アンセルのタイミングをその他の奏者に太鼓の音で指示している。トンペル自身はそのことを知っているが、あえて目の見えない彼らが踊り手の動きにぴったりと合った伴奏をすることに驚いてみせているのである。この後もトンペルは、舞台上で酒を飲み続けるマシールたちの様子を「ビール飲んでやがる！」とからかったりした。また、「このマシールがすごいんだ。（盲の）友達みんなに『俺が道を知っている』といって、知っているふりをしてみんなを後ろに引き連れて。でも同じところをぐるぐる回っているだけ！（友達は）『どこだろ、うわ、遠いな！』なんて言って。でも同じところをぐるぐるまわっているだけ！」とマシールのいたずらぶりを暴露したりした。視覚障害者が集団で移動する際、彼らは一列になり、各人が前の人の肩に手を置いて連なって歩く。通常、晴眼者や比較的障害の程度が軽い弱視者が先頭をつとめ、全体を誘導する。この役をかって出たマシールが（後続の者たちが見えないのをいいことに）要らぬルートを連れまわしたといって、トンペルが揶揄しているのである。(8)

なおググンタガンの奏者たちがトンペルに対してちょっかいを出すというシーンもあった。それは、観客に向けて初めの挨拶をしようとトンペルがかしこまった様子で手を合わせたときのことである。彼は隣にいるソキルにもマイクをわたし、一緒に挨拶をするよう促す。すると、ソキルは指でトントンとマイクを弾いてパーカッションのようにリズムを刻み、次第に興がのって踊りはじめる。なかなか挨拶が始まらないことに、トンペルはイライラする。これは彼らが好んで使う持ちネタの一つであるが、ルワ・ビネダの楽隊は、ソキルのマイクのリズムにググンタガンの伴奏をつけることで、悪ふざけに便乗し、さらにトンペルを焦らした。ルワ・ビネダのメンバーたちは笑いのネタにされるだけでなく、自ら働きかけジョークを重ねてもいるのである。

後半には、歌の得意なルワ・ビネダのメンバーKをトンペルとソキルが担ぎ出し、カラオケを歌わせる、という場面もあった（図6-5）。Kも視覚障害があり、十数メートル先にあるカラオケのスペースまでも誘導が必要であった。その移動の際には、トンペルが先ほどのジョークを再び持ち出し、「マシールは、こうやったんだ」といって、図6-6のようにKの前にたって彼の片手を自分の肩にのせ、ソキルがその後に続いた。トンペルは二人を率いて歩き、「舞台は遠い、舞台は遠い」とKに嘘をつきながら敷地の一角をクルクルと周り、会場は大きな笑いに包まれた。Kはなすすべもなく、変なルートを誘導されたり、二人に担がれたりしながら最終的にカラオケのスペースに運ばれたが、終始笑っておりこの遊戯を楽しんでいるように見えた。その後Kは促されて流行りのバリ・ポップスをカラオケで披露した。

図6-5　ルワ・ビネダのメンバーKをカラオケに誘う

図6-6　「舞台は遠い」といいながらKを連れまわす

多様な関わりを試す場としてのコメディ

ヌンガーのケースとは異なり、ルワ・ビネダの人々の視覚障害は、ポジティヴなものには転換されていない。また自身を障害者とはとらえていないヌンガーとは対照的に、マシールは「障害者」という言葉を歌詞に使用し、インタビューでは、ゲンジェッの歌詞に健常者へのメッセージを込めているとも語っていた（二〇一三年一二月七日）。目が見えない運命、経済力がないと女の子に見下されてしまう辛さを歌うこの曲に、伝統的悲劇モデルの要素を見出すことも可能であろう[9]。しかし音楽全体のトーンは、悲劇と呼ぶにはあまりに明るい。女の子に見栄をはったものの嘘がばれた情けない男をユーモラスに歌ってもいる。また昼間から儀礼の場で、しかも王宮で、自分達だけがビールを飲み、気持ちよくなっている姿を晒すこのゲンジェという演目は、このお行儀の悪いところ、「やんちゃっぷり」を含めて、笑いを誘うものであり、そもそも悲しみを訴える手段としては不適切である。

グループ名でもある「ルワ・ビネダ」とは、善と悪、昼と夜、正しさと過ちなど、相対する二つの要素がこの世を構成しているという、バリの世界観に通底する概念である。障害者グループの文脈に引き付ければ、この言葉は①健常者と障害者が共にこの世を作り上げているというように解釈でき、また②完璧な人間などおらず、一人の人間の中には正しさも過ちも備わっているのだとも解釈できる。バリではこの世は大きな世界（*buana agung*）であり、人間一人ひとりは小さな世界（*buana alit*）として概念化されるからだ。ゲンジェッの中で表現された、悲劇の主人公にはなりきれない、どこか間抜けなこの男性は、②の意味でのルワ・ビネダを体現しているようにも見える。

彼らの演技にみられるもう一つの特徴は、バリ文化の担い手としての自己表象である。自分達の活動目的はバリ文化の保存である、という言説は、マシールを始めとするメンバーとの会話のなかで時折現れる。上述した歌詞にはないが、コーラス部分では「アジェッグ・バリ（*ajeg Bali*）」というフレーズがでてくる。アジェッグ・バリとは、バリの伝統的な文化や宗教的価値観を堅持し、バリ人としての一致団結を呼びかける政治的なスローガンである。活動をバリ文化の保存と位置づけることで、彼らは自己をバリ社会の重要な構成員であると主張しているのである。またバリでは、こうした儀礼の場での芸能活動は（出演料の有無に関わらず）宗教的な奉仕活動（*ngayah*）と位置づけられ、それは祈りの一形態であるともみなされる。ルワ・ビネダの面々は、上演を通して、神へ、そして信徒コミュニティに貢献することができる。

ゲンジェッにはルワ・ビネダのメッセージが明確に込められていたのに対し、ボンドレス劇は即興性も高く、メッセージ自体はそれほど明示的ではない。上演中は人気役者二人の軽快かつ息の合ったトークが観客を魅了したが、この二人との絡みのなかでルワ・ビネダのメンバーたちは予期せぬ様々な事態に反応してゆかなければならなかった。

この上演で印象深いのは、ルワ・ビネダの面々の身体を巡る、彼らとボンドレスの二人との遊戯性に満ちたやりとりである。ボンドレスは、間抜けな物言いや、おっちょこちょいな振舞いなどによって、本論の冒頭で紹介したような様々な欠点や逸脱性を抱えた庶民を演じる役どころである。

こういった設定、そして彼らとルワ・ビネダたちの普段からの親密さも影響して、ボンドレスの二人は、目の見えない彼らに対して遠慮なく手荒い扱いをしていた。そしてルワ・ビネダの側も、それに対して楽しそうに身を任せていた。上演中、ルワ・ビネダのメンバーたちの目が見えていないことが何度も言及され、笑いに転換された。たとえば、目の見えない演奏者たちを困らせるかのように、トンペルは踊りのなかでわざと難しいタイミングで合図を出してみせてもいた。また先ほどみたように、連なって歩く視覚障害者特有の歩行の姿をネタにし、模倣までしていた。彼らの身体性そのものを面白がり、味わい、それにちょっかいをかけて遊ぶ。こういった演者の遠慮のない振舞いと、それに大笑いするルワ・ビネダの面々の姿は、彼らの間の親密で気の置けない関係を印象付ける。そしてより重要なことに、観客はそのジョークを笑うことで、この親密な関係に部分的に加担してもいる。

ところでしばしばボンドレスたちは、ルワ・ビネダの能力を賞賛し、それについての同意を観客に求めた。バリではコメディにおいて、特にそれが儀礼の場で上演される場合には、なんらかの教育的要素が含まれていることが良しとされる。トンペルは彼らがコンピュータを使いこなすことや、マッサージ師として身を立てていることに言及し、観客に拍手を求めたりもした。視覚障害者たちを、賞賛し励ますとともに、観客に向けての啓蒙的メッセージを込めてもいるのである。なおこのようなシーンに、再び「障害があるが健気に生きる障害者」という伝統的悲劇モデルを読み取ることも可能であるが、マッサージの話題から、すぐさま女の胸を揉む下ネタへと発展してゆくなど、悲劇はたちまち目くるめくユーモアのなかに吸い込まれてゆく。

からかったり、笑ったり、けなしたり、褒め称えたりしながら、トンペルらは、ルワ・ビネダのメンバーたちとの関係の様々なありうる形を演じて見せているかのようである。ルワ・ビネダの面々も、いたずらに参加したり、言い返したり、笑ってされるがままになったりしながら、これに応答してゆく。ルワ・ビネダと二人のボンドレスは、両者のあいだにある距離を詰めたり測ったりしながら遊び、その距離の侵犯を楽しんでいた。

5　あいだに生起するジョークと笑い——障害の記号化を逃れる遊戯

本稿では、「障害」のある身体の表現が、演者と演者、そして演者と観客との間に「笑い」をもたらす場面について分析を行った。多様な身体があることを前提とし、その差異を誇張して遊ぶかのようなバリ演劇の世界、そして、実際の「障害」を抱えた者がその世界に自らの身体ごと参与し、他の演者たちと一緒になって観客をジョークに巻き込んでゆく姿は、多様で不自由な我々の身体とどう折り合ってゆくのかという、ポスト・コロナ時代に我々が抱える重要な課題にとって示唆的なものとなるであろう。笑いを引き起こす演技には、観客や共演者からの反応が必要である。笑うのは演者本人ではなく相手（観客や共演者）である以上、相手の笑いによってはじめてジョークは完成する。たとえば、ヌンガーの共演相手が彼女の言葉を聞き間違えたり、間違いを指摘したりして初めてジョークが成立する。また、観客がそのジョークに笑わないという事態に陥れば、その共演者の「つっこみ」の言葉はむしろ攻撃的なものとして響くであろう。

彼らのパフォーマンスを、彼らの「作品」としてではなく、協働的なプロセスとして分析してきた本稿が描き出したのは、バリの演劇において身体の特異性が共演者との間で「笑い」を引き起こしていくありようであり、身体の特異性を「笑い」の表現へと昇華していく演者自身および共演者との、時に観客をも交えたやりとりや交渉であった。演者たちが体現しているのは、おそらく、不完全でしかない身体の、その不完全さが生む多様で豊かな表現の可能性である。リクーやボンドレスといった規範から自由な役柄の力を借りて、その可能性を大胆に追求することが、上演の場の醍醐味でもあるのだろう。

そうした演者自身が、あるいは演者と共演者たちが舞台で繰り広げる「多様な身体」を巡る遊戯は、演者自身の身体との関わり方、演者と共演者との関わり方を示しており、それは異なる身体とのつきあい方をも示唆している。ヌンガーの声は、障害者の表現や障害のある発話としてよりもむしろ、特異な声を発端とする言葉遊びの面白さや発見として捉えられる。ルワ・ビネダのメンバー（マシール）とボンドレスとのやりとりは、障害のある者とない者との関係性としてよりもむしろ、互いの違いに戯れることで互いの不完全さを露わにしていく関係性となる。その意味において、彼らの表現はきわめて個別的でありかつ固有の表現である。

既に述べたように多様性の尊重が声高に叫ばれる現在において、社会に包摂されるべきものとして「障害のある身体」が言及されたり登場したりする場面は多くなっている。そうした場面で、障害のある身体が、多様性を印づける「記号」として、異なる身体の「記号」として、「他者」として消費されてしまうことも危惧される。なぜなら、それは、多様性というスローガンのもとに、差異を記号として陳列しているだけだからである。

障害学の研究者でもあり、身体の社会学の研究者でもある後藤吉彦は、障害のある身体を障害のない身体とは異なる「他者」として表象してしまうことを「障害者の『他者化』」と呼び、それが「マジョリティの人々にとって一種の『天蓋』として機能している」（後藤、2007, pp. 201-202）と論じている。後藤のいう障害者の「他者化」は、あらゆる身体は脆弱性をもつという「身体の普遍性」をみえなくするものとして機能する。そしてそれは、多様であり得る身体の差異や固有性をもみえなくするとも考えられる。

本稿で取り上げた演者たちは、「障害のある身体」という「記号」や「他者」として（のみ）舞台に存在するのではない。個々の「不完全さ」が笑いを生み出し、それを通して、多様な身体が社会に享有されていた。そこにどのような表現の可能性を引き出すことができるのか、どのようなユニークな経験が生まれるのか、バリの演劇の舞台は、常に演者と共演者、そして潜在的には観客をも含みこんだ双方向の交渉に満ち溢れている。ここに、「障害」「障害者」というフレームを通して「異なる身体」と出会うのではなく、その向こうにある「身体の多様性」と出会うヒントがあるように思われる。本稿のバリの事例は、多様性の尊重を謳うポスト・コロナの時代の「硬直」した身体に「遊び」をもたらす可能性を示している。

謝辞

本研究は公益財団法人　りそなアジア・オセアニア財団共同研究プロジェクト助成（二〇一三年三月〜二〇一五年三月）、日本学術振興会の特別研究員奨励費（15J03836）、および新学術領域研究（研究領域提案型）（17H06341）の助成を受けています。関係者の皆様に感謝申し上げます。

注

（1）本論考は、二〇一三年一二月から二〇一八年八月に断続的に行った現地調査の成果に基づく。またその内容は、Yoshida (2019) を発展させたものである。

（2）ここで我々が念頭に置いているのは、実際の競技の現場ではなく、オリンピック・パラリンピックの理念を啓発するPR動画のような広報における表象である。多様性や共生社会を表現あるいは強調するために、肌の色、年齢、性、障害など、見て分かる差異が並んで登場する場合がしばしば見受けられた。例えば、東京都が作った「東京都オリンピック・パラリンピック教育プロモーションムービー」(2019) https://www.youtube.com/watch?v=LblqOCRRuEs（二〇二一年四月三日最終アクセス）そして東京オリンピック・パラリンピック競技組織委員会作成の「TOKYO 2020 PEOPLE」(2018) https://www.youtube.com/watch?v=-ALGR6WUoUo（二〇二一年四月三日最終アクセス）がある。なお、パラリンピックの開会式については、森田かずよのソロダンスにみられたように、「唯一無二である」「身体そのもの」が表現され、まさに身体がもつ固有の価値や「生命の力強い奔流を目の当たりにするような迫力」あるショーが展開され、身体は記号化されるのをまぬがれていたとする指摘もある。「踊り／ダンスとオリンピック・パラリンピック（文：武藤大祐）【シリーズ】オリパラは日本の文化芸術に何を残したのか？（2）」（2021）https://www.tokyoartbeat.com/articles/-/olypara2021_series2（二〇二二年六月五日最終アクセス）参照。

（3）身体の欠損や欠陥ないし不具合といった状態を指すインペアメント（impairment）と、それにより経験される抑圧や障壁といった社会的な側面としての障害（disability）とは、障害学において区別されている。本稿では欠損の語をインペアメントの意味で用いている。

（4）ただし大祭での障害者の出入り禁止は、儀礼に伴う様々な奉仕労働義務を免除するためのものであると解釈する者もいる。また筆者らの観察の範囲では、大祭の会場にも障害者は自由に出入りしており、それを拒まれたという経験も語られなかった。

（5）ある演者は、普段目にした障害者の姿から道化の演技のアイディアを得ることはあるが、硬直し涎を垂らしていたある障害者を見たときには、それを真似してはいけないと感じたと語った。よってすべての障害の身体が、道化の演技のネタとして模倣されるわけではない。

（6）他の演者の話を引き出したり、場を盛り上げたりすることが得意であり、このあたりにも彼女が役者として珍重される理由がありそうである。

（7）こうした客への絡みは、ヌンガーだけが特に頻繁に行っているというわけではなく、多くのリクー役が試みるものでもある。

（8）このエピソードの一部は作り話である。実際にはその列を率いていたのは、マシールではなく、別の弱視のメンバーであったという。

（9）ただし、このユーモアと笑いは、第2節で言及した先行研究がしばしば指摘してきたような「悲劇的な障害者」というイメージを押し付ける社会への抵抗や意義の申し立て（e.g. 塙、2018, p. 77）とも、やや異なったニュアンスを含んでいる。というのも、ルワ・ビネダにみられるユーモアは、目が見えない経験から生まれたものであっても、目の見える人との間に生じる認識の齟齬やそれに無頓着でいられるマジョリティ側の人々を批判の対象としていないからである。このことは、哲学者の木村覚が、視覚障害のあるお笑い芸人濱田祐太郎の芸の特徴について「障害のある身体性から繰り出されることによって、マジョリティ側の思い込みや常識そのものが批判され、笑いの対象にされる」と論じた様相とは異なるものであるといえる（木村、2020, pp. 116-118)。

第7章　挨拶から紐解くコミュニケーションの距離感

高橋康介・島田将喜・錢琨・大石高典・田暁潔

人類学者、霊長類学者、心理学者からなる私たちの研究グループではアフリカ、アジア、ヨーロッパなど世界各地でのフィールドワークを通して認識や行動の多様性と普遍性の解明に挑んでいる。本章のお題として「コミュニケーションの多様性」と聞いた時、実は少し困ったと言うのが本音である。確かにさまざまな地域でのフィールドワークからコミュニケーションの多様性を実感してはいるが、それを並べても「コミュニケーションは多様である」以上の話にはならない。

そこで少し思案し、本章では「挨拶」からコミュニケーションの距離感を紐解いてみようという結論に至った。世界は広いが、どの地域にも挨拶と思しきコミュニケーションが存在する。ところが挨拶のやり方にはバリエーションがあり、挨拶の機能もさまざまである。

二〇二〇年初頭から、世界は新型コロナウイルス COVID-19 のパンデミックのただなかにある。人と人との出会いの場で生じるインタラクションの代表的なものが挨拶であり、きわめて強い感染力を示すこのウイルスの感染を防止する観点からもその在り方が問われている。多くの日本人にとって出会いや別れの際の挨拶とは、幸いというべきか、非接触的な「おじぎ bowing」が代表的なパタンであり、少なくとも挨拶のインタラクションだけが原因となってウイルスが拡散するというケースは少ないだろう。一方、握手やハグといった西洋人に多いタイプの身体の直接的接触を伴う挨拶は、少なくとも公の場では抑制されているようだ。

本章では「挨拶と距離感」というお題について、各々が出入りするフィールドでの経験を踏まえて考察することとした。まずは読者の多くにとって全く馴染みがないと思われる野生チンパンジーの挨拶から見てみよう。

1　野生チンパンジーの挨拶行動

筒井康隆の作品に『最悪の接触（ワースト・コンタクト）』というSF短編がある（筒井、1979）。人類とよく似た姿で同じ言語を用いることが分かっている異星人ケララと、地球人タケモトの出会いで生じる喜劇だ。最初の出会いの際、タケモトは次のような経験をする。ドアが開くと、ケララはにこにこしてこちらを向いて立っていた。タケモトも笑顔を作り、両手を広げてなめ前方に差し出して「よろしく。タケモトです」と言った。ケララは両手を背中の方へまわしたまま、うなずき返し「よろしく。ケララです」と言った。タケモトはあわてて両手を背中にまわすと、その途端ケララは背後に握っていた棍棒でタケモトの脳天を一撃した。タケモトは怒ってケララをにらみつけたが、ケララは「よかった。死ななかったね」とにこにこし、「死なないように殴ったよ」「殺されなかったのだから、幸せではないか」と続けた（筒井，1979, pp. 132-133を筆者が要約）。

ヒトにおける挨拶というインタラクションは、通文化的に見出される言語表現と身体表現を伴う慣習の一つだが、所属する文化によってその在り方は多様性に富んでいる。必要な状況でスムーズに挨拶できるかどうかで、その人がその文化の成員であるか一目で分かってしまう。ヒトの挨拶について『文化人類学事典』は以下のような説明を加えている（石川ら，1994）。「〝あいさつ〟が通常行われるのは、人と人の相互作用の始めと終わりを画する境界的な局面であり、交渉のない状態から、交渉や対話への移行を円滑に、また逆にそれまで続いた交渉、対話を円滑に終息させ、継続的な関係の設立、維持に支障がないようにするためである」。

このようにヒト同士の出会いにおける挨拶は、互いに友好的な態度を示し合うことこそ重要なのであり、ケララのように友好的なのか敵対的なのかわからない対応をされると、それ以降両者の間には円滑なコミュニケーションは成り立たない。もちろんタケモトはこの後、ケララとのコミュニケーションに大変苦労するのである。こんな出会いは小説ならではの架空の話なのであるが、動物同士の挨拶を考える際には、面白い示唆を与えてくれる。

ヒト以外の動物における挨拶は、実は必ずしもいつも友好的とは限らない。動物の挨拶行動（greeting behavior）とは、『行動生物学辞典』によれば「群れ生活を営む動物で、ある期間離れていたメンバー同士が出会ったときに行う相互交渉」のことを言う（上田ら、2013）。ヒト以外の動物の挨拶は、出会いの際のインタラクションとして定義されていて、別れの際の挨拶については言及されていないという点も面白いのだが、ここでは「挨拶の交換は、友好的な場合もそうでない場合もある」と説明が加えられている点に注目しよう。つまり動物同士では、敵対的な挨拶が生じることも一般的であり、とくに社会的順位関係が明確な種における個体間の挨拶では、劣位な側からは優位な側に対して相手の優位を確認する服従行動が、優位な側からは劣位な側に対する示威行動が伴われることが多い。

系統学的にヒトにもっとも近縁な霊長類の一種チンパンジー（*Pan troglodytes*）も、挨拶を交わし合う動物として知られる。[1] 彼らの挨拶はその極端な非対称性が大きな特徴と言える。挨拶をする側は、主にパントグラント（pant-grunt）と呼ばれる「アッアッアッ」「オッオッオッ」「アハアハアハ……」のように聞こえる強弱のあるあえぎ声と、同時に相手の顔面に対して手をさし出したり、姿勢を低くして（bow）、かがみこんだり（crouch）、体を上下に揺すったり（bob）、口を大きく開けて相手の口にキスをしたり（open-mouth-kiss）、相手の手や性器を触ったりする一連の行動をとる（Nishida et al., 2010）。挨拶する側は、多くの場合順位の低いメスたちであり、挨拶される側の高順位のオスは、必ずしもメスたちの挨拶に友好的に応じるわけではない。いきなり叩く、咬むなどの攻撃をくわえたり、チャージングディスプレイと呼ばれる示威行動を見せつけたりして、メスたちに悲鳴を上げさせることもしばしばある（Sakamaki, 2011）。私は、タンザニアのマハレ山塊国立公園での野生チンパンジーM集団の調査中、以下のようなインタラクションを見たことがある。「ワカモノメスのルビーが集団の第一位オスのファナナに対してパントグラントを発し頭を低くしながら接近し、その場に座ったファナナとオープンマウスキスをする。ファナナはいきなりルビーに対して突進し、のしかかり、叩き、踏みつける。ルビーは悲鳴を上げてうずくまる。周囲にいる大勢の他個体はパントグラントをしたりほえ声（bark）を上げたりして非常に騒々しい」。低姿勢で接近しキスまでして恭順を明示するルビーに対して、ファナナは最初それを受け入れたように見えたが、突如理不尽な暴行を加えているように観察者には見える。ファナナはまるで筒井（1979）の描く異星人のようだ！

マハレのチンパンジーの間では毎日のように繰り返しこうした挨拶が生じている。複数のメスが、その場にいる高順位のオスに対して同時に挨拶を試みることが多いため、きわめて騒々しくなる場合も多くなる。叩かれ、踏みつけられた方がこれだけで大けがをすることは少ないようだが、こうした場は彼らの間の社会関係が顕わになる瞬間でもあり、それゆえ私たち研究者にとっても、面白い観察場面でもある。物理的接触が伴われることの多いチンパンジーの挨拶は、一言でいえば「密」なのであり、そして挨拶を含め、毛づくろいなど彼らの社会行動には濃密な接触を含むものが多い（Nishida et al, 2010）。

ゴリラやオランウータンも含め大型類人猿は、COVID-19に感受性があることがすでに分かっている（Reid, 2020）。とくに呼吸器系の病気には罹患しやすく、実際マハレでも数回にわたって集団内で流行したことがある。たとえば二〇〇六年の流行の際には三五％近くの個体がインフルエンザ様の呼吸器系の疾患に感染し、最大で一二頭がこの疾患が原因で死亡したと推定されている（Hanamura et al., 2008）。これらの咳や下痢といった感染症の流行の動態は、野生大型類人猿の観察を目当てに訪れる観光客の数の増減と関連していることが示唆されており（Fujita, 2011）、ヒトから動物への感染経路が疑われている。そして野生チンパンジーの集団内に一度ウイルスの侵入を許してしまうと、集団の内部では、彼ら自身の挨拶などの濃密な社会行動などを通じて、一気に広がってしまうのである。長年マハレM集団を観察対象としてきた研究者として、集団内にCOVID-19の侵入を許せば何が起こるかを想像するだけでも恐ろしい。

繰り返される疾病の集団感染を経ても、チンパンジーの挨拶行動には変更が効かない。遺伝的生得的にプログラムされている可能性の高いこうした行動や、一度集団内に文化的行動として普及した慣習を、野生動物が一つの世代内で変容させることは不可能である。だからこそ、すでに絶滅危惧の状態にある彼らに対する接近自体を控えたり、接近する場合でも研究者や観光客は十分な距離をとるなど十分な配慮をして観察すべきなのである（Reid, 2020）。コロナ禍の下ではもちろん、ポスト・コロナの時代に入っても、そうしたヒトの側の配慮義務は変えてはならない。

もちろん、ヒトにとっても挨拶とはその文化集団内で幼いころから身体に染み付いた技法の一つであり、行動変容が求められようとも、すぐに変化させることには困難を感じることがある（Mondada et al., 2020）。とはいえ、感染や発症のメカニズムを理解し受容することにより、ヒトは自らの体に染みついた挨拶のような慣習でさえ、時間をかければ変容させることができる。たとえば身体接触の程度の高い握手やハグを、それを最小限にする「グータッチ」だけにとどめるなどの変容が各地で見いだされる。そしてこうして生み出されたコロナ時代・ポスト・コロナ時代の新たな慣習を、教育を通じて世代を超えて定着させるプロセスがすでに動き出している。

自らの生存にとって驚異となる感染症のパンデミックに直面する、現在のチンパンジーとヒト。両種はともに進化史上、同様の危機を繰り返し経験してきたはずである。高々七〇〇万年前まで祖先を共有してきたこの両種が種分化して以降の進化史と、感染症パンデミックに対する対照的な対峙の仕方が、どのようにかかわっているのかを解き明かすことは、今後の人類進化学の大きな検討課題であろう。

（島田将喜）

コロナは決して人類だけの問題ではない。挨拶行動と身体距離、そしてそれらを自由に変えられないチンパンジーの姿から、変化する人間とそれ故の混乱という私たち人間社会の姿が対比的に浮かび上がる。そしてそのような人間社会に目を向ければ、その中で交わさせる挨拶や距離感もまた多様である。次に日本にほど近い東南アジアの様子を見てみよう。

2　挨拶と身体距離——東南アジアの場合

一言で東南アジアと言ってもASEAN加盟国だけでも一〇カ国がある。そのうち六カ国に、これまで調査や出張のため二〇回以上渡航してきた。私は大学卒業までは中国で過ごしたが、高校の世界地理で東南アジア主要一〇カ国を暗記するコツを先生に教わった。「越老泰緬柬、印馬非新文」だった。語呂合わせをすると「越というお婆さんは検査免除で、馬に水を飲ませる（飲馬）のがニュースではない」とのことだった。ただの語呂合わせではなく、前の五カ国は「半島国家（インドシナ半島）」、後の五カ国は「海洋国家」との説明もされた。半島国家と海洋国家、何が違うんだろう。東南アジアって全部海辺にあるんじゃないのと、当時の私はそう思った。ちなみにその当時は鄧小平の南巡講話（一九九二年）を機に中国の改革開放が一段と盛んになり、多くの外資系企業が中国進出を果たした。東南アジアの華人系企業、たとえばタイのCPグループ（正大集団）やインドネシアのAPPグループ（金光集団）の商品が中国で人気を博し、新馬泰（シンガポール・マレーシア・タイ）のツアーも一般家庭には憧れの存在だった。いつか東南アジアに行きたいなと、私も憧れていた。

しかし初めて東南アジアに行けたのはその十数年後だった。コンサル時代の新人研修のためマレーシアで海外研修を行った。半月ほどマレーシアに滞在したがクアラルンプールの立地の良いホテルに缶詰めだったので、現地の生活・文化との接点は旅行者以下だった。その後シンガポールとインドネシアに旅行したが、二〇一四年に大学に戻り、いきなりフィールドマニアの研究者集団（が集まる部署）に投入された。そして、彼らが企画したカンボジアのフィールド実習に同行することになった。

それから七年間、東南アジアの複数の国に繰り返し行くことによって、やっとわかったことがたくさんある。「半島国家」と「海洋国家」の例一つをとっても、確かに風土と習慣、言語と文化、歴史と宗教、様々な違いがある。一言で東南アジアと言っても、あるいは一言で半島国家の五カ国と言っても、実は非常に多くの違い、多様性があると肌で感じてきた。さらに一つの国の中での文化的・民族的多様性も、それまで中国と日本でしか生活したことがなかった私の想像を遥かに超えていた。もちろん日本と中国の生活にない文化的体験もたくさんあった。

たとえば挨拶の仕方。中国の場合はフォーマルな場は握手だが、プライベートの場合は状況に応じてアイコンタクトで済んだり、会釈したり、手を軽くあげたり、めでたい時や改まった場面ではお辞儀や拱手もする。日本でも握手をする場面は多くなってきたが、会釈とお辞儀のほうが圧倒的に多いと思われる。ちなみに会釈とお辞儀は日本と中国どちらでも使われているが、見たらすぐわかるくらいのお作法の違いがある。しかしカンボジアに行く前の私は、所詮これらの東アジア的な挨拶の仕方しか知らなかった。カンボジアで教わったのは、「ワイ（カンボジアでは som pas と呼ばれる）」という挨拶の方法だった。

ワイは、タイに行ったことがあれば、あるいはタイのドラマを観たことがあれば誰もが知る、いわゆる「合掌」のように、両手を胸の前に合わせて頭を軽く下げる挨拶のことである。合掌と言われると、これは仏教の礼拝の仕草だとすぐ気づくが、同じく仏教の影響が大きい日本や中国ではこのような挨拶はしない。仮に日本で初対面の人が両手を合わせて頭を軽く下げてくると、とても不愉快な気分になるはずだ。今の情報社会では初めてタイに行く日本人もこの挨拶の仕方を事前にインプットされているが、昔、何の予備知識もなくタイに行く日本人は、タイ航空の機内に乗り込んだ瞬間に客室乗務員に合掌で挨拶されると、強烈なカルチャーショックを感じたかもしれない。同じ仏教だが、タイと日本の間は上座部仏教と大乗仏教という大きな違いがあり、その影響はもちろん多岐に渡るが、挨拶をはじめ、人間のごく日常の仕草や行動にも浸透しているわけである。「半島国家」の五カ国は元々全て仏教の国だったが、そのうちベトナムだけは日本や中国と同じ大乗仏教である。これは「ワイ」の挨拶がベトナムにないことの理由として解釈できるが、ミャンマーは上座部なのにワイをしないなど、宗教だけでは説明できない多様性がある。

しかし宗教から文化への影響はやはり大きい。マレーシアはタイと境を接しているし、マレー半島の南部を占めるから、なぜ「半島国家」ではないのかとの疑問もあったが、実は半島国家と海洋国家の一番重要な違いは、地理ではなく宗教である。植民地時代以前は半島国家では仏教の影響力が強く、海洋国家ではイスラム教の影響が強かったからである。東南アジアでのイスラム教の布教は海上貿易やムスリム商人の活動によって行われたからだと考えられる。そのため当然インドネシアやマレーシアなどの海洋国家では、挨拶にはワイを使わないが、インドネシアのバリ島はヒンドゥー教のため合掌の挨拶（ナマステ）がある。

では海洋国家ではどのように挨拶するかというと、インドネシアに行った時に一番よく使ったのは握手だ。しかし、やはり特別の作法があった。たとえばビジネス場面にあるような力強くしっかりとした握手ではなく、手を繋いでゆっくりと振るようなイメージであり、さらに手を離したら軽く胸に当てる習慣もあった。またイスラムの国のため、男性が女性と握手する場合は、女性の不快感を起こさないよう、女性の方から握手を求めてくるのを待つのが一般的である。

男性と女性の話をすると身体距離のことを思い出す。インドネシアは世界最大のイスラム人口を持つ国だが、多様な信仰が認められる「多宗教国家」でもある。さらにイスラム教徒の中でも多様性があり、女性の場合はヒジャブをする人もいれば、しない人もたくさんいる。しかし服装とは違って異性の間の身体距離は厳しく見られる場合が多い。異性間の身体距離は、イスラムの国々のみならず仏教の国でも場合によって厳しい。タイの寺院で僧侶から舎利をいただいたことがある。その時、男性には直接に手渡してくれたが、女性には直接に渡さず机に置いて受け取ってもらうようにした。一方で、同性間の身体距離は東南アジアも中国も近い。女性同士が手を繋いだり腕を組んだり、男性同士が肩を組んだりして一緒に歩くことは多く見られる。西洋の国々ももちろんそうであり、逆に例外なのは日本だけかもしれない。それは何故だろうか。興味深い問題である。

（銭琨）

日本から程近い東南アジア地域でも、日本ではほとんど見られない挨拶が広く用いられていることがわかる。そして東南アジアの中でもやはり挨拶と距離感にはさまざまな面での多様性があり、それは半島と海洋という地理的宗教的な環境によって大きく異なるようである。では日本から遠く離れ、また環境も大幅に異なる地域ではどのような挨拶が交わされるのだろうか。続いて中部アフリカ・カメルーンの熱帯林での挨拶を紹介しよう。

3　明示的な挨拶と察する「挨拶」――カメルーンの森での経験から

見通しのきかない熱帯林でのコミュニケーション

私がフィールドとしている村は、中部アフリカ・カメルーン共和国の熱帯林のただなかにある。そこでは、狩猟採集を主な生業にしてきたバカ・ピグミー（以下「バカ」）、焼畑農耕と漁労を主な生業にしてきたバクウェレが隣接しあって暮らしてきた。一九八〇年代におよそ五年間にわたって行われた木材伐採事業とその後のカカオ農園拡大の影響で、カメルーンの他地域や西アフリカからの移住者を含めて、人口六〇〇人に満たない村の中に一五民族以上が暮らしている。森の外から移住してきた人々は、定住集落近傍の焼畑や換金作物の畑の範囲には入るが、それを超えて森の中へと入り込むことは稀である。森には圧倒的な存在感があって、初めて訪問した者は圧倒される。果てしなく続くかに見える森の中に定住集落やキャンプが数キロおきに点在している。

森の世界へのアプローチは、基本的には徒歩である。森の中では、突然野生動物と遭遇したり罠が仕掛けられていたりと様々な危険が潜んでいるので、よそ者の森の中での一人歩きはやめた方がいい。マチェットと呼ばれる山刀を手に持ったハンターの後ろについて一緒に森を歩いていくと、彼は時々立ち止まり、静かに物音に耳を澄ます。ゴリラをはじめとした動物との遭遇に常に気を配っているのだ。

物音や気配を手掛かりに見えない相手とやり取りするのは、人相手でも同じである。熱帯林の住民は、森の中で互いの姿が見えなくても、しばしば声だけでコミュニケーションをとる。数十メートルであればともかく、数百メートル以上も距離があって、普通に話していてはほぼ聞きとれないように私には感じられる状況でも、「オーッ」とか「アーッ」などと声を張り上げながら意味のある会話が成立しているようだった(2)。

このように、アフリカ熱帯林の諸社会は、障害物が多くて暗い熱帯林の中では視界が効かないことから、音や気配によるコミュニケーションを発達させてきた。熱帯林の生活者は、「鋭敏な感受性」で他者の存在を感じ取ることに長けている。森には、「非対面的に行われる音声コミュニケーション」（木村、2003）の網の目が張りめぐらされているのである。

対面ディスプレイとしての明示的な挨拶とその欠如

バカやバクウェレの社会にも、定住集落を中心に直接互いの姿を確認しあいながら対面で行う挨拶はもちろん存在している。対面時の挨拶での言葉のやり取りは、たとえば以下のように行われる。

バカ語の場合：

Mojokoe.（モジュコエ）：起きているのか？

Mojokoe si.（モジュコエシ）：お前も起きているのか？

バクウェレ語の場合：

Wo je me.（ウジュメ）：あなたは目覚めているか？

ee. Wo je me yo.（イイ。ウジュメヨ）：はい。あなたも目覚めているか？

バカとバクウェレ、二つの民族集団で言語は違うが意味としては似たような文句を交わし合う。言葉を交わしながら、向き合って握手をすることも多い。通りすがりに手を振るだけの場合もある。

別れ際には、バカ語では

Ajokoe.（アジュクエ）：また明日。

バクウェレ語では

Jemen.（ジェメン）：また明日。

あるいは

Wo kago ja.（オカゴジャ）：あなたは寝に行く／お休みなさい。

と一言付ける。

これらの発話行為は、いわゆる挨拶であり明示的なディスプレイだと言えるが、バクウェレは、自分の来訪時によりはっきり自分が来たことを伝える傾向があった。私たちは村に調査滞在のための小屋を持っているが、バクウェレやハウサの来訪者はチャイムのように「コンコンコン」とか「トクトクトク」などと、口で到着音を出して来訪を知らせたり、玄関に入ってよいか確認してくることが多かった。それで彼らが私たち日本人と同様に家の敷居をまたぐ際に境界を意識していることがよくわかるのだった。挨拶を交わすこと自体が重視されていて、元気かどうかを確認し合うという意味合いが多かったように思う。

一方で、バカの人たちからは、明示的な挨拶がない場合が少なくなかった。私には気配を感じさせないままに「勝手に」家に入ってきていて、気が付いたら仕事や読書をしている私の隣に座っていたり、椅子に座ってこちらの方が眺められている、ということがしばしばあった。

そんな場合、特に何か用事があるというわけでもなく、しばらくいてまた前触れなく去っていく。(3)

最初は戸惑ったが、慣れてくると気にならなくなって勝手に自分の仕事を続けた。ある時は昼間に

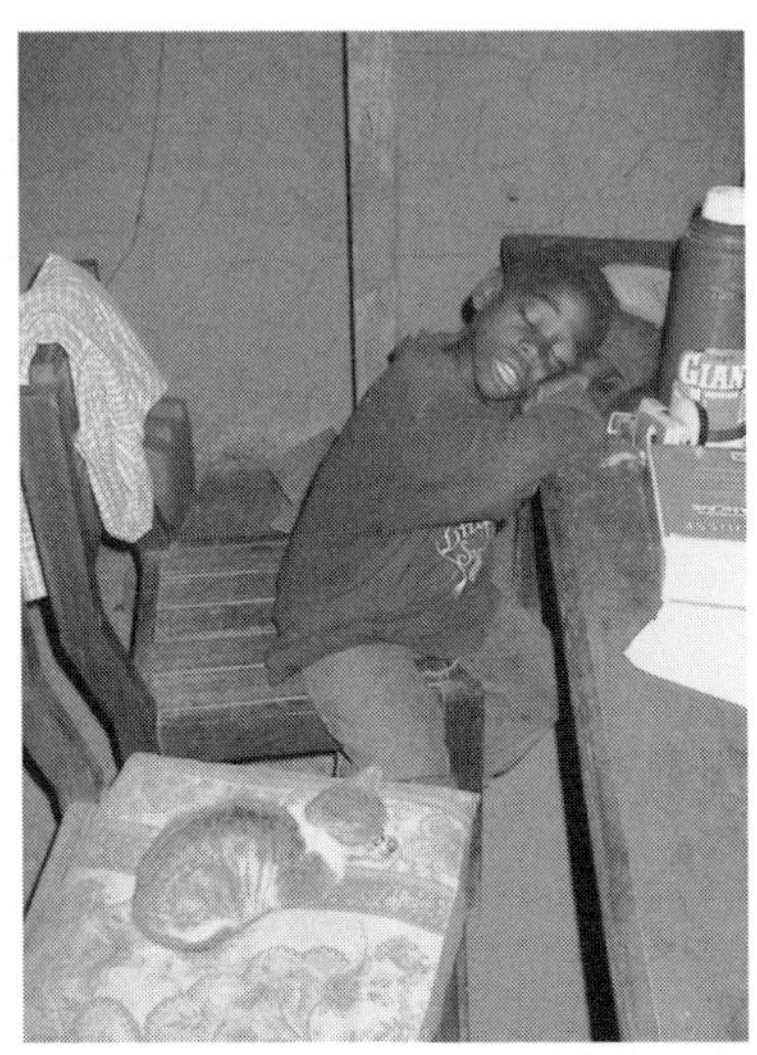

図 7-1　昼寝するバカ・ピグミーの少年。バクウェレのインフォーマント、ドゥンベ氏とフィールドステーションで語彙調査をしていたらいつの間にかバカ・ピグミーの少年がやってきて横に座って昼寝を始めた。あまりに気持ちよさそうなので、早く調査を切り上げた。

男性と二人で聞き取り調査をしていると、あるバカの少年が音もなくやってきて隣に座り、机の上に腕と頭を乗せて居眠りを始めたことがあった。すぐに寝入った少年の寝息がいかにも気持ちよさそうだったので、調査を中断することにしたのを記憶している（図7-1）。こんな大胆な振る舞いは、よほど気心の知れた仲間が暮らすシェアハウスの共有スペースでも、なかなか見られないのではないだろうか。

そもそも、バカ社会をはじめピグミー系の人々の社会においては、自己と他者の切り分けが曖昧だとされる。それが具体的な行動として現れるのが身体的近接である。たとえばバカの人々は身体の間に隙間を作らず密接にくっついて座る。一つの椅子を二人や三人で分け合うことも多いが、その際に席を譲る／譲られるといったような大げさなやり取りや調整の努力はみられない。その場に人が増えても、砂利底の小川で上流から流れてきた石が他の石の間にはまるかのように、ごく自然にはまり込んでいく。このようなバカの人々の共在のモードに浸ると、わざとらしい明示的挨拶やそれへの対応がなんだか面倒になってきたりして、そもそも何のために自分は挨拶をするのかが分からなくなってくることもあった。

挨拶はどこから始まっているのか——挨拶以前の出会いをめぐる駆け引き

いろいろ考えると、明示的な挨拶のやり取りをする対面状況よりも、ずっと以前から、バカの人々は私の様子をよく見ているのに違いないと思い至った。そして、彼らが明示的な挨拶をしてこないのは、こちらのしていることを中断させたくなかったからなのかもしれない。

というのも、挨拶以前にバカの人たちの間では非対面状況のうちに互いの存在を察する、という段階があるように思うからだ。彼らの森のキャンプへの訪問をするとすぐわかるが、私の到着するよりもかなり前に、先方は誰が来るのか気づいている。それには、私よりも先に出かけた誰かが知らせる場合もあるし、音や気配——たとえば下手な歩き方ですぐわかるだろう——で読みとれるのかもしれない。いずれにせよ物理的な近接以前に、潜在的な相互行為の相手との出会いの可能性をよくよく察した上で、出会うかどうかが選択されているようなのである。

このことは、会いたくない相手に出会いそうになったらどうするかや、相手に自分より先に存在を察知されたくないときにどうするかについてのバカの民族知識からも読み取れる。何か困ったときに（たとえば、病気・ケガの治療が必要になったり、狩猟や恋愛の成功を期したいとき）、バカは周囲に豊富にある植物の「薬（ma）」に頼る（服部、2007）。ある壮年のバカ男性に植物について習っていたとき、いわば「透明人間」になる薬について教えてもらった。バカにとって最も重要な狩猟対象であるアフリカマルミミゾウを狩るときに、ゾウに自分が見つからないようにする薬だ。ゾウ狩猟の際に、いざゾウと出会いそうになったら「薬」の植物を身に着けておく。そうすると、ゾウからは自分の姿が見えなくなるのだという。同じ植物を使って、近づいてくるけれど会いたくない農耕民から身を隠すことも出来る。(4)「会いたくない」相手と状況は異なるが、いずれも、薬をもちいるのは先手を打って相手の存在に気付いたバカ個人なのである。バカと他者の間では、挨拶以前にこうした出会いをめぐる駆け引きがおこなわれている。だとすると、彼らにとっての「挨拶」とはいったいどこから始まっていることになるのだろうか。

コロナ禍が始まってから二年以上が経つがいまだ本格的に森の世界にウイルスが入ったという知らせは聞かない。ソーシャル・ディスタンスでは、感染症対策として物理的距離を取ることが求められるが、本節では、アフリカ熱帯林に暮らすバカやバクウェレの社会における出会いと挨拶を例に、対面状況での明示的な発話行為のほかに、遠隔（ディスタンス状況）での音や気配による相手の態様を察するコミュニケーションまで、複数の段階で「一緒にいる」ことを確かめ合い、出会いの状況について交渉する方法がもちいられていることを確認してきた。

なおカメルーンでは、森の世界から外に出ても、対面に限らず電話での別れ際によくフランス語で“Nous sommes ensemble.”（私たちは一緒にいる。）と言い合うことが多い。最近、モザンビークに長期留学した学生から、モザンビークでもまったく同じ言い方をポルトガル語で別れ際にするのだと聞いた。こうした何気ない挨拶にこめられた、たとえ物理的に離れていても互いの生に関与しているのだという自己と他者の間で連帯感をゆるやかに共有する感覚は、アフリカ大陸の広い範囲で見られる、個体と個体の関係が分かち難く結びついていると考えるウブントゥ思想（ニャムンジョ、2019）の一つの顕れとみることもできるだろう。

（大石高典）

姿が見えない中での挨拶、挨拶なしの身体接触、そして挨拶以前の駆け引き。森特有の環境に適応した挨拶や、ウブントゥ思想からなる距離感など、カメルーンの森での挨拶には日本の社会と比べると際立つ特徴が数多く見て取れる。続いてはアフリカ大陸の反対側、森ではなく乾燥地帯に住むケニアのマサイについての報告である。

4　東アフリカの牧畜民マサイの挨拶

挨拶といえば、二〇一二年八月、初めて一人で牧畜民マサイの村を訪ねた旅を思い出す。ケニアの首都ナイロビから四六〇キロメートル離れた南のサバンナへ向かう乗り合いバスの助手席に座った私に、運転手は丁寧にマサイの挨拶を教えてくれた。「まずは腰をかがめ、相手が右手を軽く頭に当ててくるのを待つのだ」。彼の教えをノートの一ページ目に記し、村に到着するや否や、早速実践してみた。しかし私の挨拶への反応は微妙で、大笑いしながら右手で返事してくれる人もいれば、そのまま去ってしまう人もいた。それから私の〝不相応なお辞儀〟に耐えかねた人々が〝本当のマサイの挨拶〟を教えてくれた。学校で先生を務める若者によると、マサイと会ったら〝*supa*〟と声をかけ〝*ipa*〟と返事すべきだという。また、ミルクをご馳走してくれたお母さんからは、マサイは〝*takuenya*〟と挨拶し〝*iko*〟と返事すべきだと教わった。彼らの教えもノートに書き、聞き取り調査のためマサイのことをよく知っている長老を訪問した。元気よく大声で〝*supa*〟と挨拶したら、長老は〝*ipa*〟と返事してくれた。でも、少し不機嫌のようだ。彼の機嫌を直そうと思って、再び元気よく大声で、今度は〝*takuenya*〟と挨拶した。長老からは返事なし、代わりに彼はぶつぶつと文句を言いながら、私に右手を伸ばした。ノートの一ページ目に書いた挨拶を思い出して、私は深く腰をかがめた。すると意外なことに、この挨拶で彼の機嫌が直った。初めてのフィールド調査は、このような混乱した挨拶のなかでスタートして終了した。

その後も調査のために、この村を毎年訪ねるようになった。マサイの人々と親しくなっていくにつれ、最初に記録した挨拶の諸々は、実際に全て正しいマサイの挨拶であることがわかった。間違っていたのはそれぞれの挨拶スタイルの使い分けだった。つまり、何をどのタイミングで使うのかは、自分と相手の社会的地位と役割を計った上で判断しなければならないのだ。

マサイ社会には明確な年齢体系が存在しており、人々は性と年齢によって異なる社会的な地位を

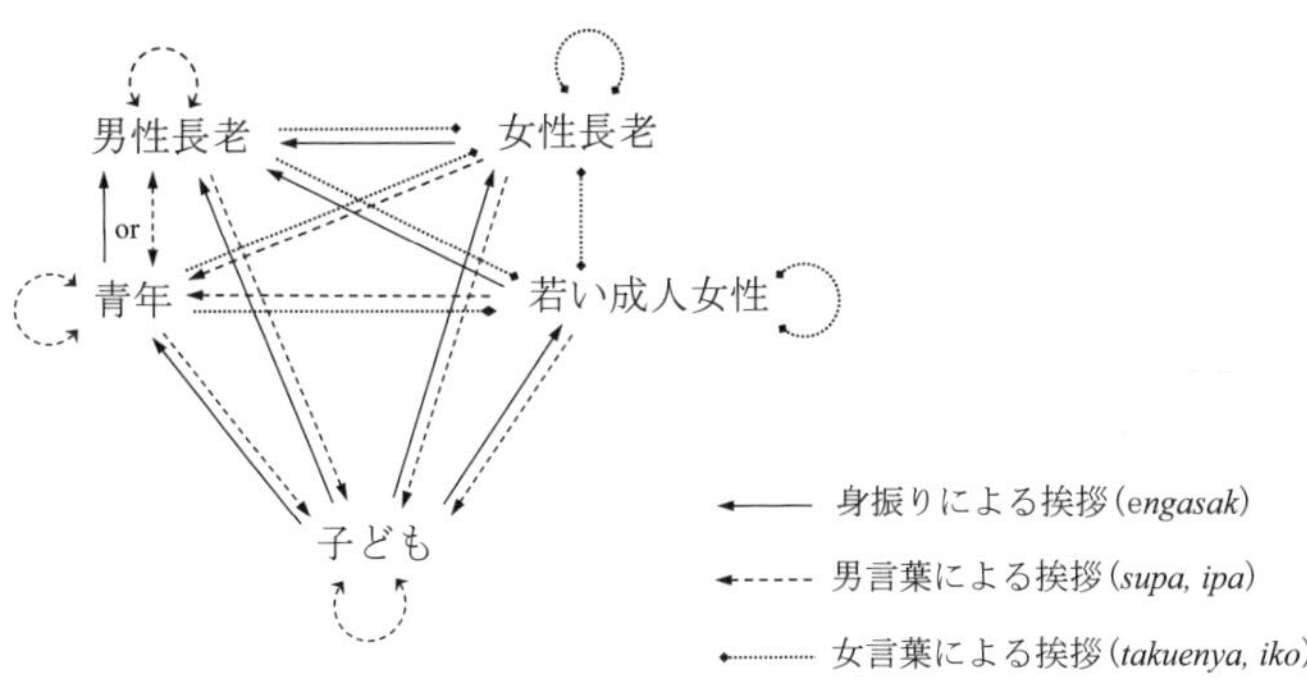

図7-2　マサイ社会における挨拶とその使い分け

持ちながら異なる役割を担う。男性は割礼を受ける前の牧童時代と、割礼を受けた後の一五から二〇年ほどの青年時代、その後の長老時代の三つのライフステージを渡っていく。同じ時期に割礼を受けた牧童は、青年になると一つの年齢グループを形成する。男性はその時期から家畜を所有し始め、長老になると土地管理などの政治的な決定権も持つようになる。女性の場合は男性のような年齢グループは形成しないが、結婚して相手の年齢グループに属すようになる。そのため未婚の少女と既婚の成人女性という二つのライフステージを経ていくが、後者は夫の年齢グループに属すため、年齢が上がるにつれ、長老になった夫と同様に村の人々から尊敬される存在となる。

先ほど紹介した挨拶にもそのような社会構造がよく反映されている。異なる社会的地位を持つ人々の間での挨拶方法を図7-2にまとめてみた。まず、同じ社会的地位を持つ人々の間では、相手の性別に応じて男言葉（*supa, ipa*）と女言葉（*takyenya, iko*）の挨拶（*airoroki*）が使い分けられている。たとえば、青年が若い成人女性へ挨拶する際には“*takyenya*”と挨拶し女性が“*iko*”と返事するが、女性から青年へ挨拶する場合は“*supa*”から始まる。年齢の異なる相手と挨拶する際には、性別と社会的地位によってそれぞれ異なる挨拶のやりとりがおこなわれる。とりわけ私がフィールドに入った最初の日に記録したお辞儀のような身振りによる挨拶（*engasak*）は、若者世代から長老へ挨拶する際によく使われる。たとえば子どもから大人へ挨拶する際には、まず子どもが腰をかがめ頭を下げて、大人が手を当てて男言葉で返事してくれるのを待たなければならない。青年や若い成年女性から男性長老へ挨拶する際にも *engasak* が用いられるが、長老は若者の性別に合わせた挨拶言葉で返事する。また、成長して長老の許可を得た青年は、男言葉だけで長老と挨拶のやりとりをするようになる。このほか男性と異なり、成人女性同士の間では年齢階梯に関係なく女言葉を使って挨拶する。

以上の挨拶は人々が出会った直後におこなうものであるが、誰かを訪問する際には、それらに続いて応答唱的な挨拶（*ilomon*）をリズム良く続けることが多い。以下に青年Jが女性長老Lを訪問した際の挨拶を紹介する（//は、Lの発話を示す）。

00:00:00　*hyia, yieyo koree intae*（お母さん、お元気ですか）
00:00:01　// *kira sidan*（私たちは元気です）
00:00:02　*ee*（ええ）
// *metiata enyamali*（何も問題がないです）

00:00:03　*esipa*（そのとおりです）
　　　　　// *kingiishaan*（みんなは元気です）
00:00:04　*ee*（ええ）
　　　　　// *ee, kiserian*（ええ、とっても順調です）
00:00:05　*ee*（ええ）
　　　　　// *ee aikasha oloirobi*（ええ、風邪になったけどよくなっています）
00:00:06　*esipa pii*（確かにそのとおりです）
00:00:07　// *ee, eseriani*（ええ、平和です）
00:00:08　*ee*（ええ）
　　　　　// *ee*（ええ）
00:00:09　*nejia kitiu mekiata enyamali*　（こちらも何の問題もないです）
00:00:10　// *ee*（ええ）
00:00:11　*kiserian oleng*（みんなはとっても順調です）
00:00:12　// *ee*（ええ）
00:00:13　*embiotisho*（健康です）
00:00:13　// *ee*（ええ）
　　　　　aa（ええ）

この事例のように、*ilomon* は速いスピードで進行し、聞き手の *ee* という応答音によって区切られテンポ良く進行される。会話の流れには元気であることや全てが順調であるなどを意味する慣用表現がたくさん用いられ、その中に自分の健康状態などの近況も混ぜながら、リズムを崩さないように相手に伝える。そういった *ilomon* は長い場合二〇分間以上続くことも珍しくない。

二〇二〇年三月から、マサイが暮らす地域でもコロナ禍の影響を受けて移動が制限され、マスクの着用や手のこまめな消毒、ソーシャルディスタンスを保つことが義務付けられてきた。若者たちとの遠距離連絡で、人と人の挨拶に何か変化があったと尋ねると、彼らは半分冗談で、五メートル以上離れた場所から大きな声で挨拶（*engasak*）するのだと返信する。もちろんコロナの情報も挨拶（*ilomon*）の中でテンポ良く伝えるが、最後は必ず元気であることや、安全で順調であることを伝えるのだ。

（田暁潔）

アフリカに出入りするフィールドワーカーにとっては当たり前すぎることなのだが「アフリカ」は広く多様である。中部アフリカと東アフリカ、熱帯林とサバンナ、地理的にも遠く離れ、環境も大きく異なる。挨拶の形や距離感もまた多様である。たとえばカメルーンの熱帯林に比べてケニアの牧畜民マサイでは細かな規則の挨拶が印象的であるが、これには厳格な年齢階梯制という社会制度が反映されていると思われる。最後に、挨拶という行為がフィールドの中で他所者と現地の人々

をどのように繋げるのか、同じく東アフリカ、ケニアの南隣にあるタンザニアの村での事例から紹介しよう

5　失敗する挨拶——タンザニアでのフィールドワークから

　私の専門は実験心理学と呼ばれる研究分野である。普段は薄暗い実験室などでコンピュータ画面に向かって過ごすことが大半である。そんな私が、とあるきっかけから齢四〇になろうかという時期に東アフリカの地に足を踏み入れて研究することになった。調査地はタンザニア内陸部タンガニーカ湖畔の村で、京都大学による野生チンパンジー研究で有名なマハレ山塊国立公園の近くに位置する自然豊かな地域である。首都ダルエスサラームから飛行機で三時間ほどかけて州都に着く。そこからタンガニーカ湖沿いを車やボートで半日ほどかけて南下し村に到着する。人口は四〇〇〇人ほどで、電気ガス水道などのインフラは整備されていない。最近では携帯電話網が急速に普及し（有線通信網は未整備）、携帯片手に薪で料理といった風景も目にする。共同研究者の島田氏や京都大学の研究グループの助けを借りて、二〇一七年、二〇一八年、二〇一九年と夏休みを利用してこの村に滞在した。

　日本では四人に一人は隣人の顔を知らないという話もあるが、この村では人同士の距離はずっと近く、いわば顔見知りのコミュニティである。私は明らかに村の中で異質な他所者である。そんな

異質な存在ではあったが、良くも悪くも好奇の目でみられている感覚はありつつも、滞在中に疎外感や孤独感はほとんど感じることがなかった。むしろ「異質な他者である私に対して村の人は回避欲求よりも接近欲求の方を強く持っている」とその時の私は認識していた。この認識は孤独なフィールドでのストレスコーピングに大きな効果があったわけだが、なぜ私がこのように認識できたのか。それは単に私が楽天的だからなのかもしれないが、今になって思えば、それは挨拶が織りなすコミュニケーション、特に挨拶の成功と失敗の外側にあるコミュニケーションが理由だったように思える。

村を訪れてまず印象的だったのが、道端でのすれ違いざまの挨拶である。日本では知人と道端や廊下ですれ違ったときには軽く会釈をしたり手を振ったりしながら、時には一言二言挨拶を交わす。この際の挨拶は近接空間、つまりお互いがだいぶ近づいてから行われるから、お互いを認識してから挨拶可能な近接空間に到達するまでの「間」に落ち着かなさを感じることもある。ところが私が滞在したタンザニアの村では、相手を認識した途端に「マンボ」「ポア」「ハバリ」「ンズーリ」「シカモ」「マラハバ」と定番の挨拶から始まる大きな掛け声のやりとりが始まる。そうしてお互いに徐々に近づいていくのだが、その際も掛け声のやりとりがずっと続けられる。ではすれ違う際に立ち止まって立ち話をするかというと、私が見る限りは多くの場合はそんなことはなく、掛け声を掛け合ったまますれ違う。何より印象的だったのが、お互い相手は後ろにいて見えていないのに、通り過ぎた後も掛け声のやりとりがしばらく続くのである。そしていつしか声が聞こえなくなるほど遠ざかり、やりとりが終わる。村に滞在している間に、こういう場面に何度も遭遇した。

私はといえば、掛け声をやりとりできるほど現地の言葉を覚えていなかったので、とにかく定番の挨拶だけでも交わそうという思いで、知らない相手にも目が合ったら（時には相手がこちらを見ていなくても）とにかく声を掛けてみた。相手にどう思われていたのかは定かではないが、多くの場合、相手も大きな声で答えてくれた。見知らぬ地でのこのやりとりには何とも安心感を覚えたものである。

ところで定番の挨拶にもたくさんの種類がある。しばらくしてわかったことだが、この言葉にはこの言葉で答えるという型のようなものがあるらしく（たとえば「シカモ」「マラハバ」は対になっていて、目下の者から目上の者へ「シカモ」と声かけ、それに対して目上の者が「マラハバ」と答える）、その決まりを知らない私は、何度も続く挨拶のやりとりの中で、とにかく咄嗟に出るそれっぽい言葉を返す他なかった。時には、というより大体は定型の言葉から逸脱するわけだから、村人からすれば頓珍漢な返答である（例えると「調子どう？」「かしこまりました」のようなやりとりかもしれない）。しかしこのような挨拶の失敗は、周囲の人々の間に不愉快さのない笑いを引き起こし、笑われている私まで愉快な気持ちになるのである。

もうひとつ印象的だった挨拶がある。親しい若者同士、会うと握手を交わす。もちろん欧米圏でも挨拶としての握手はよく行われているが、この村での握手は欧米式のハンドシェイクとはちょっと違っていて、ギュッ、ギュッ、ギュッとリズミカルに、お互いの手を握って組み替えてまた握ってを何度か繰り返すものである。これが伝統的な握手なのか若者に流行りの挨拶だったのかよくわからないのだが、とにかく若者同士が集まると至るところでこの握手が交わされる。私は村の若者たちと親しいわけでもなかったのだが、物珍しさからか出会うと握手をしようと手を出してくれる若者がたくさんいた。そんな時は見よう見まねでギュッ、ギュッ、ギュッの握手に挑戦するのだが、これが思ったよりも難しい。というのも、握って、力を入れて、力を抜いて、手を離し、組み替えて、また握る、という一連の動作を、相手のリズムと同調させて行う必要がある。

最初のうちはリズムが合わず途中で崩れてしまうことばかりで、それを見ていた周囲の若者たちからゲラゲラと大きな笑い声が聞こえてきたのをよく覚えている。それでもめげずに挑戦していると、次第にうまくいくようになってくる。相手がどう思っていたのかはわからないが、この握手が成功したときには一歩距離が縮まったような気持ちになる。

この二つの挨拶には、日本式の挨拶とは異なる共通点がいくつかある。まず長い。挨拶がコミュニケーションのきっかけというより、挨拶がコミュニケーションである。そして型がやや複雑である。だから他所者にとっては難しく、失敗することも多い。

村に滞在している間、日本ではなかなか経験できないこの二つの挨拶に何度もチャレンジした。時には成功し、少し村の人との距離が縮まったようにも感じた。時には失敗し、しかしそれでも周囲の笑いの中に村の人からの受容を感じることができた。成功するか失敗するかは少なくとも私にとっては問題ではなかった。

なぜ異質な他者である私に、村の人が回避欲求より接近欲求を抱いたのか。少なくともそのように私は感じたのか。人は一般的に不確定なものを避けるという曖昧さ回避傾向がある（たとえば「エルスバーグの逆説」という有名なパラドクスが知られている）。村の人からしたら、異質な他者である私は何者なのか、はっきりさせたいはずである。そう考えると、この村での長く複雑な挨拶は異質な他者との距離を測るメジャーの機能を果たしていたのかもしれない。失敗か成功かによって距離は異なるが、いずれにしろ相手との距離は挨拶の前より後の方が明確になる。挨拶という行為の持つ情報量が多いのである。逆に日本型会釈や欧米型握手は、見様見真似で出来てしまうものだから、相手との距離は測れない。村の人々同士の挨拶がお互いの距離を明確にするために行われているわけではないだろうが、たまたまそのような挨拶に遭遇した私には、そこに異質な他者とのコミュニケーションについてのヒントが隠されていたように思うのである。

（高橋康介）

6　挨拶と距離感の多様性、そしてポスト・コロナの身体

本章ではチンパンジーに始まり、東南アジア諸地域、中部アフリカ、東アフリカにおけるフィールドの中の異質な他者と、日本の中ではなかなか出会うことのない形の「挨拶」について紹介してきた。挨拶というコミュニケーションの形式や機能の多様性、そして研究者各々の視点から描かれ

る「距離感」は、ポスト・コロナの身体のあり方について考える手がかりを与えてくれる。

その前に「挨拶」というコミュニケーションの不思議さに少しだけ触れておきたい。私たちの研究グループは挨拶を研究対象としているわけではない。また本書の執筆のために挨拶を対象としたフィールドワークを行なったわけではない。それでも挨拶について書こうと思えばこれだけの話が集まるわけだから、フィールドに出入りする人にとってその地域の挨拶は意識せずとも印象に残っているものである。すでに紹介したように挨拶のあり方は地域によって異なる。しかしそれが挨拶的行為なのだということは、その地域の外の人間にも理解できる。ケニアのマサイ、東南アジア、そしてチンパンジーの事例を読み解くと、他者との社会的関係を確認するという挨拶の機能が見えてくる。ヒトあるいは霊長類も含めた社会的動物の中に見られる挨拶の遍在性について、今後のさらなる研究が待たれる。

挨拶から紐解く距離感について。東南アジアの事例からは、他者との身体距離に対する厳格な規範の存在に気づかされる。これは日本でも概ね同様だろう。他者との距離には規範的な枠組みが適用され、交わされる挨拶にはその規範が反映されるし、これが他者との距離感の心理的なメジャーとなる。一方で東西アフリカ、タンザニアやカメルーンの挨拶の事例を見ると、私たちが各地域の規範を十分に理解していない可能性もあるだろうが、他者との距離についての規範はいささか自由であるように思える。挨拶なしで隣に寝込むカメルーンのバカ・ピグミーの少年。異質な他者とも友人さながらにリズミカルな挨拶をするタンザニアの若者。彼ら彼女らはまた森や道端でお互いの姿が見えなくても挨拶を交わす。そこには物理的な身体距離とは別の枠組み、物理的距離に囚われすぎないコミュニケーションのあり方が隠されている。

コロナ禍での緊急事態宣言やロックダウンを経た二〇二二年現在、以前のような密度で人々が乗り込んでいる交通機関では以前に増して強いストレスを感じるという声がある。すでに私たちのパーソナルスペース（他者に侵入されても不快感を感じない身体近傍空間）は広がりつつあり、身体と距離感に関して新しい規範が生まれつつある。チンパンジーの毛繕いなどの密な挨拶を振り返るまでもなく、他者と接近したいという欲求が私たちにはある。しかし同時にパーソナルスペースからわかるように他者との物理的な距離を適切に保ちたいという欲求もあり、その適切さを決める規範はコロナ禍を経て変わりつつある。さらにはZoom越しのオンラインコミュニケーションでは物理的距離とは異なる種類の距離感が存在する。これまでの社会で構築されてきた距離感の規範が使いにくくなるのは間違いなく、人々には心理的負担を強いるだろう。

しかしフィールド各地での挨拶のあり方を読み解けば、距離感の規範はそもそも普遍的なものではなく、むしろ環境に応じて変化に富んだ多様なものだとわかる。さらに言えば日本とフィールドを頻繁に行き来しつつ距離感のピントを素早く合わせるフィールドワーカー自身の中に、新しい規範に適応するためのヒントを見つけることができるかもしれない。そう考えると、ポスト・コロナの時代に応じた新しい規範が自然に発生し、そしてそれは案外抵抗なく受け入れられることもあるだろうと、少しばかり楽観的にも思えてくる。

注

（1）本章では特に断りのない限り「彼ら」はオスまたは男性を示すものではなく、生物学的性別およびジェンダーの区別のない代名詞として用いている。

（2）木村大治は、コンゴ民主共和国のボンガンド社会における発話形態の研究から、物理的な遠近に必ずしも関係なく「一緒にいる」という共在感覚を共有するのに、音が響きやすい熱帯林の音環境が関わっているのではないかと推論している（木村、2003）。

（3）バカ以外の人々の中には、このように明示的な挨拶をしないバカの態度を悪くとって、「隙を見て何かを盗もうとしているからなのではないか」だと疑う者がいる。物理的近接と明示的な挨拶についての両者の文化差による誤解の例であろう。

（4）バクウェレなど農耕民の中には狩猟採集民のバカに対して威圧的態度をとる者がいて、バカからは嫌われている。バカとバクウェレは、互いに好悪の入り混じった複雑な感情を抱いており、状況に応じて仲よくしたり対立したりする（大石、2016）。

コラム　トランスカルチャー状況下の中東湾岸諸国の仮面文化

後藤真実

中東地域にはさまざまなカタチ、色、デザイン、素材でできた仮面が存在する。その中でも、湾岸アラブ諸国（以下、湾岸諸国）、特にペルシャ湾沿岸地域では、表面に光沢をもつ**ブルカ**（*burquʿ*）または**バットゥーラ**（*baṭṭūla*）と呼ばれる女性用仮面が着用されてきた。この仮面は元来、婚姻可能な女性を見分ける社会的役割を果たしていたが、その慣習が廃れた現在では、国民アイデンティティや伝統の象徴として年配の女性たちを中心に日常的な着用が継続されている。

一六世紀頃から着用され始めたといわれるこの仮面文化は、インド洋海域を通じた人々の交流や、現地の政治・経済的発展を背景にさまざまな変遷を遂げてきた。たとえば、オマーン帝国下にあった東アフリカ地域では、アラブ系の支配階級女性の象徴としてこの仮面文化が伝播した歴史があり、一九三六年から一九四一年までイランで出されたヴェール禁止令（*kashif al-ḥijāb*）は、仮面着用が慣習化していたイラン南部の人々の多くを対岸の東アラビア半島に移住させた要因の一つとなっている。そしてこれらの過程で仮面の象徴的意味やデザインの変化が見られると同時に、湾岸諸国内においても、仮面に使われる材料や作り手の移り変わりは時代を反映してきた。たとえば、一九〇〇年代から湾岸地域で使用されている仮面生地は、直射日光や反射光から女性たちの目を守るために、湾岸地域と歴史的交易のあるインドのムンバイで特別に開発された綿生地である。現在でもこの生地の生産を続けている唯一の会社ニメックス（Nimex）は、アラブ首長国連邦（ＵＡＥ）にのみ仮面生地を輸出しており、そこから小売店や個人を通じて近隣諸国の仮面文化圏に流通している。また、仮面の鼻の部分には着用者の呼吸を容易にし、仮面の形状を保つために木や竹の棒が挿入されるのだが、伝統的に使用されていた庭などに生えているナツメヤシの木の枝は、近代化を背景に一九五〇年代以降は木製のアイス棒やＢＢＱ用の竹串などの輸入品に代替されるようになった。そして仮面の作り手に関しても、一九九〇年代前半に、それまで仮面職人として近隣の女性たちの仮面を手作りしてきた現地女性たちに代わって、インドやバングラデシュからの外国人労働者が男性仮面職人としてミシンを用いた仮面製作に携わるようになっていった。現在湾岸諸国に流通している仮面の多くはＵＡＥ在住のバングラデシュ人男性によって作られている。イラン南部では現地の女性仮面職人が販売する手縫いの仮面よりも、ＵＡＥから持ち込まれた仮面のほうがより耐久性があり見た目も美しいと考えられていることから、**ドバイ製仮面**としてブランド化され高値で売買されている。同時に、近年湾岸諸国では仮面は現地の伝統文化を象徴するモノとして商品化され、土産物として観光客向けに販売されているが、オマーンなどでは大量生産された中国製の湾岸仮面が

図1　コロナ禍のアラブ首長国連邦で衛生マスクの着用を促す広告（*al-imārāt al-yawm*, 2020）

流通し始めている。

このように近代化やグローバル化に伴って独自の変化を遂げてきた湾岸諸国の仮面文化であるが、二〇二〇年からの新型コロナウイルス感染症の広がりからも影響を受けている。従来日常的に仮面を着用してきた世代は、公共空間において衛生マスクの着用が義務化されて以降、衛生マスクと仮面の両方を着けて過ごしており、プライベートな空間においては、口元が隠れるより大きな仮面を意図的に着用して感染を防ごうとする工夫も見られる。これらの女性によってコロナ禍中においても仮面着用が継続されている一方、若い世代の仮面着用の機会や全体的な仮面需要は減少している。二〇二一年六月時点ではムンバイからＵＡＥへの仮面生地の輸送経路は絶たれていないが、コロナ禍で湾岸諸国での多数の文化イベントや結婚式などの行事が延期や中止になったことを背景に、仮面の需要が減り、仮面生地の売り上げも減少しているという。しかしながら、今年開催予定のドバイ国際博覧会をきっかけに、ポスト・コロナにおいて仮面文化が再注目される可能性もあり、今後感染対策も視野にいれた新たな仮面のデザインが生み出されるかもしれない。

第8章　対話によるコミュニケーション

河野哲也

1　コロナ禍と哲学対話

二〇二〇年初頭から生じた新型コロナウイルスの感染拡大によって、これまで人と人とが直接に対面で行ってきたさまざまな会話が、Zoom や Google Meet などの会議ソフトを用いたオンラインでの会話に切り替わった。とりわけ、企業における会議や面談、取引、教育機関における授業や講演会、研修会、学会活動も、そのかなりの割合がオンラインに移行した。

私は、この一〇年以上、「哲学対話」と呼ばれている対話的なコミュニケーション活動に携わってきた。哲学対話とは、哲学的なテーマについてグループで時間をかけて対話する活動であり、そこには、哲学カフェ、子どもの哲学、哲学相談、サイエンスカフェ、地域創生のための対話などのさまざま形態の実践が含まれる（河野、2020）。哲学対話は国際的に普及した活動であり、むしろ日本への導入は遅ればせであったが、しかし現在では、後に述べるように、日本でもさまざまな機会や場所で哲学対話が実践されるようになった。ただし、これまで、どこの国であってもほとんどの場合、哲学対話は対面で行われてきた。会議ソフトを使った遠隔対話を開催する機会もないではなかったが、使いやすさなどの点から問題があり、一部の参加者の利用に限られていた。何よりもその必然性を感じなかったのである。

しかし、二〇二〇年よりコロナ禍によってオンラインでの哲学対話の機会が圧倒的に増えた。従来の対面での対話がオンラインに置き換わっただけではなく、むしろオンラインにより新しい参加者が増え、活動の幅が広がった。しかし他の会議や授業の場合と同じく、オンラインでの哲学対話にはメリットとデメリットがある。また、対面での実施と比較し、対話に質的な変容が生じた部分がある。以下では、オンラインによる哲学対話の実際について説明し、対話の身体性にとくに注目しながら、対面での哲学対話と比較しての、そのメリットとデメリット、変容について論じてみたい。

また、筆者は、コロナ感染がある程度おさまっている時期に、マスクをつけて、小学生、中学生、高校生と哲学対話（子どもの哲学）を実施し、あるいは、実施している授業を訪問し見学した。同様に、マスクを掛けての対話において、通常の対面の対話からどのような変化があるかについても考察することにする。

2　哲学対話とは何か

哲学対話は、遡れば、哲学の歴史とともに古い活動であるが、市民同士の交流の場や方法として広まったのは、それほど前のことではない。子どもの哲学は一九七〇年代初頭に、哲学カフェやサイエンスカフェは一九九〇年代初頭に生み出された。しかし現在では世界的に広まりをみせ、北米、南米、アフリカ、アジア、ヨーロッパ、オーストラリア、ニュージーランドなどのさまざまな国と地域において実施されている。実践者も、哲学の研究者ばかりでなく、学生、教育者やケア関係者、愛好家など多様な人々によって担われている。関連する国際学会や国際誌もいくつも作られ、専門家を育てる専攻を有している大学もある。

先に触れたように、哲学対話は、哲学的なテーマについて問いをたて、それをグループで話し合う活動である。多くの場合に、決定的な解答を与えることはせず、テーマについてさまざまな意見が出され、それを皆で批判的に検討していく過程そのものに意義が求められる。哲学対話では、ただ他者と話し合うだけではなく、それぞれの参加者が考えては話し、聞いては考えるという、各人において思考と対話の往復をすることが重んじられている。それは「自分で考える、一緒に」という標語で表現される。対話の司会は「ファシリテータ」と呼ばれる。ファシリテータは、自分で答えを出したり、結論づけたりするのではない。発言がしやすくなり、話し合いが噛み合い、主張が相互に検討されるように参加者を促し、ときに議論に刺激を与えるような質問や意見を述べる役を演じる。

参加者は、対話を通して、そのテーマについて実に多様で多角的な考えがあることを知り、ディスカッションしながら自分の考えが検討され、思考が深まっていく。そうした対話の過程の中で、以前の自分の考えが一方向的で偏ったものであることが自覚され、自分が知らず知らずの間に身にまとっていた「常識」を自問するようになり、発想や考え方が自由になっていく。このように哲学対話は、自己教育的な活動である。

哲学対話はさまざまな機会や場所で行われ、いくつもの種類がある。哲学カフェとは、文字通りに、カフェのような軽く飲食の場できる場所に人が集まり、みんなで決めた哲学的な問いについてディスカッションする活動である（ソーテ、1996）。あらかじめテーマを設定したり、特定の読書をすることを求めたりすることもある。「子ども哲学」は、「子どもと共にする哲学探究（philosophical inquiry with children）」とか、「子どものために、共にする哲学（philosophy for/with children）」を省略した名称であり、子どもと実施する哲学対話のことを指す（河野、2021a; 寺田、2021）。やり方自体は、それほど哲学カフェとは異ならず、学校であれば、教科内容をテーマとしたディスカッションをするときに用いられる。もちろん、課外活動や学校外の、たとえば、子ども図書館や託児施設などの活動として取り入れることもできる。日本の学校では、総合的な学習（高校は、「探究」）の時間や、「特別の教科　道徳」で用いられることが多い。哲学相談（philosophical counselling）とは、一対一で、ないし複数で人生上の悩みや困りごとを語り合う場である（ラービ、2006）。ファシリテータはその相談に答えや助言を与えるのではなく、相談者の考えを整理し、相談者が自分自身で回答をもたらすように助力する。

サイエンスカフェは、科学のアウトリーチ活動、科学コミュニケーションの一環として現在の研究には必須のものと考えられている（藤垣・廣野、2020）。研究のアウトリーチ活動とは、研究成果を一般の人々にも還元し、その成果についてのディスカッションを行い、質問や評価、コメントをもらう活動である。サイエンスカフェは、一般の人々や専門外の人に専門分野の研究成果を披露するためだけに開催されるのではない。むしろ科学者が一般の人々からのフィードバックをもらい、自分たちの研究活動を専門以外の角度から根本から捉え直す機会である。ここで、科学と一般の人たちを取り持ち、両者を結びつけるのが、領域横断的な哲学的思考なのである。

哲学対話は、哲学的なテーマについて対等な人間関係のもとで議論を突き詰めていくという方法論や手法の点では共通しているが、目的はそれぞれに異なっている。哲学カフェは、テーマについての対話を楽しみ、自分の考えを深めることを目的としている。子どもの哲学には、思考力や対話する力の向上、共同性や市民性を養うといった教育的な目的がある。総合的な学習（ないし探究）の時間と組み合わせることで、問題解決型の授業にすることもできる（永井・河野、2018; 河野、2021b）。哲学相談は、悩みや困りごとの自己解決の手助けに目的がある。サイエンスカフェは、専門家と市民との交流を通して、特定の科学技術が有する価値と意義についての検討が目的である。

地方創生の哲学対話では、政治的に対立しそうな地域のテーマを、哲学対話を参加者に掘り下げてもらい、そこで見出された地域の大きな価値観のもとで問題を再構成してもらうという活動である。最終的な目的は、より根源的な価値に関する合意形成にあると言えるだろう（桑子、2016）。

このように、哲学対話は、その目的に関してよりも方法や手続き、過程に共通性があり、その本質があると言ってよい。ただその一方で、哲学対話は、対話によって一種のコミュニティを作ることに特徴がある。哲学カフェやサイエンスカフェは、その場限りかもしれないが、一種の共同体的な雰囲気の中で対話をすることに多くの人は楽しみを見つけている。子どもの哲学は、クラス作りにも貢献し、いじめや非行を減らすことが知られている。地方創生のための対話はいうまでもないだろう。

日本では、二〇〇〇年を前後して大阪大学の鷲田清一教授らの指導のもとで哲学カフェが開始され、その数年後には、サイエンスカフェが導入され、盛んに行われるようになった。哲学対話が日本社会の中に浸透していったのは、二度の大きな災害を機会としてであった（Kono, Murase, Terada & Tsuchiya, 2017）。一九九五年の阪神・淡路大震災と二〇一一年の東日本大震災である。二〇一一年の東方地方を中心に襲った巨大津波とそれに続く原子力発電所の事故は、あまりに大きな被害をもたらした。それをきっかけとして、被災した人もそれを身近に感じた人も、その多くが、それまでの自分の人生について振り返り、これからの人生や家族、地域社会のあり方について考え直し、そして私たちの社会や文明のあり方について根本的に問い直したいと思ったのである。人々は、根本的な問題について他者とじっくりと話しをしてみたいと感じ、哲学カフェに足を運んだ。哲学対話は、上で述べたように、一種のコミュニティ形成に貢献する。哲学対話を実施することによって、傷ついてしまった地域社会の回復を感じることができる。二〇一一年以降、哲学カフェや子どもの哲学が急激に普及したのは、こうした理由からである。

3　対話の身体性

対話は、言語的な活動であるが、同時に身体なしではありえない。コンピュータには対話はできない。なぜなら、コンピュータは生命としての個体性、すなわち身体がないからである。私の意見に賛成した人が、「あなたと同じ理由で賛成です」と述べることには何の不思議もない。しかし、コンピュータ同士には「同じ解答だ」と賛成し合う必要などない。生物として、それぞれ身体を持ち、自律して生存しているからこそ、賛同するという（あるいは反対する）行為に意味がある。対話とは、生命としてある特定の時間と場所に存在し、それゆえに限界も有する身体を持つ者だけの活動である。

対話には、実際に、身体的なやりとりが含まれている。ある発言は、その人の身体性、すなわち、顔つきとその表情、身体の特徴、服飾、動作、身振りなどあらゆる感性的な印象に結びつけられて解釈される。たとえば、「あの人は、とても素早く走り抜けました」という発言を、小さな子どもが発した場合と、スプリント選手のような鍛え抜かれた身体をした若者が発する場合では、解釈がかなり異なってくるだろう。「わかりました」という一見すると単純な発言も、随伴する声色、表情、仕草などによって多様に解釈できる余地がある。人間の心理と身体状態は切り離すことができず、対話の内容さえ、その身体性と関係づけられてしまうのだ。

また、対話の内容もその流れも、参加者がいる環境に強く左右される。それゆえに、哲学対話のファシリテータは、雰囲気づくりに非常に気を配る。哲学対話では、立場や年齢、役割、利害関係、ジェンダーなどの自分の社会的な位置には関係なく、安心して自由な発言ができなければならない。そうした参加者の安心感と平等を担保するには、ファシリテータは、対話の最初にそのようなインストラクションをする必要がある。だがそれ以前に、会場の物理的な条件から、自由で安心できる場を醸し出さなければならない。そのために哲学対話のオーガナイザーは、多くのことに注意を向ける。

会場そのものが、落ち着いた適切な場所になければならず、室内もリラックスして心地よい雰囲気が必要である。話し合う以上、喉の渇きや空腹を感じることもある。軽い飲食は場を和ませ、英気を養う。議論が忙しなくならないように時間を十分に取り、すべてをゆったりとした余裕のある時間の流れにすべきである。また重要なのは参加者の配置である。哲学対話では、できるだけ参加者全員が互いに見える位置に座るようにすることが多い。カフェのような場所では、ある程度、テーブルや椅子を動かして、なるべく一度に全体を見渡せるように配置する。子どもの哲学では、教室を椅子だけにしたり、床に直接、車座になって座ったりすることが多い。正円を作って座ると、全員がいつでもお互いに顔を見て話ができる。円はなるべく小さくして、横の人は触れ合うほどの距離にするとよいとされている。

なぜ円卓状に座席を配置するかといえば、参加者の関係が物理的にも平等、対等となるためである。ミシェル・フーコー（1977）が『監獄の誕生』で指摘したように、多くの国民を少ないエリートで管理しなければならない管理型の近代社会では、ひとつの場所から全体が見渡せるような配置で施設が建てられてきた。たとえば、監獄、病院、工場、軍隊、学校など、少人数で大人数を管理しなければならない組織では、その階層的な構造が物理的にも建築に反映し、全員が一人の管理者の方を向くように座席が作られている。それに対して、円形に座ることとは、誰もが特別な存在ではないことを意味している。参加者は、表情、姿勢、仕草、声色といった身体的な反応のすべてを露わにしながら話し合う。ある発言に対して、誰がどのような表情と姿勢、態度で聞いているのかが見え、言葉を発さずとも、意識的・無意識の両面において身体的反応で応じている姿が表現される。

哲学対話では、人と人とが直接に、メディアなしに向き合えることを重視してきた。ここで言うメディア（媒体）とは、人と人のあいだを仲立ちする物理的・心理的・社会的な存在である。電話やテレビなどが物理的メディアであるとすると、社会的メディアも存在する。社会的メディアとは、人と人とをつなぐ社会的な関係性のことを指す。たとえば、学校や職場がそうであり、そこでは人は教師と生徒という役割、あるいは、上司・部下・同僚といった役割で繋がっている。マクルーハン（1987）が言うように、メディアはすでに一定のメーセージを含んでいる。メディアはメッセージをただ運搬するだけの無機質のチャンネルなのではなく、それ自体が一定のメッセージを持っている。いかなるメディアをチャンネルとして伝達がなされたかによって、伝達内容とは独立に、あるいは伝達の内容を変容させながら、受け手にメッセージが送られる。たとえば、同じ文章でも、手紙で伝えられたものと、ＳＮＳで伝えられたものでは、まったく異なって捉えられる可能性がある。同じ発言でも、口頭で伝えられたのと、メールで送られてきたのでは、異なった文脈に置かれ、異なった意味を持つものとして解釈されることもある。

哲学対話は、この意味で、これまで自分の身体を唯一のメディアとして、ある意味で対面での対話を特権視してきたと言えるだろう。それは、議論にバイアスをかけやすい権力関係や利害関係、社会的地位を可能な限り排除して、自由に発言し、合理的に発言を検討し合う場を確保するためであった。

4　オンライン対話の可能性と限界

新型コロナウイルスの感染拡大下では、対面での接触の制限が求められ、集会も制限を余儀なくされ、直接身体を晒しての哲学対話も実施が難しい場面が増えた。冒頭で述べたように、その代わりに、オンラインでの対話が行われるようになり、オンラインを基本にした哲学カフェなども数多く開催されるようになった。震災や津波のような災害とは異なるが、パンデミックという危機的な状況によって健康面、経済面、人間関係、将来設計に不安を感じる人々は、人間関係が限られた状況であるからこそ、オンラインでの対話を強く望む。哲学対話は、そうした人々の要望に応じる機会となっている。

オンラインでの哲学対話の実施方法は、パソコンやスマートフォンを使ってのウェブ会議と変わることはなく、対話の進め方も基本的には対面での哲学対話と変わらない。決められた時間に参加者は指定されたURLにアクセスしてログインし、参加者で対話を開始し、終了時にはログアウトする。ある程度の人数までならば、画面上に全員をタイル状に並べることができる（ギャラリービュー）。

筆者は、共同研究者たちと、二〇二〇年一一月から二〇二一年二月にかけて、小学生四〜六年生を対象として、オンラインで哲学対話を実施した。人数的には、平均的な日本の学級ほど集められなかったが、全国から参加してくれた。こうした対話を経験していた子どももいたが、多くははじめて経験する子たちだった（永井・河野、2021; 前田・河野、2021）。そこで、ファシリテータを務めた者の印象は以下のようだった。

デメリット

・円形に座っている通常の子どもの哲学と違い、子ども同士の会話のパスがしにくく、子ども－

図8-1　コロナ禍で行われた子どもの哲学（ギャラリー・ビュー）

ファシリテータ（教師）－子どもといった形で、つねにファシリテータ（教師）が仲介する形になってしまう。タイル状の配置は、子ども全員が教師の方を向いた形で座るときと似た効果を持っている。

・子どもが画面から見えにくくなっているときに聞いているのか聞いていないのか判断がつかない。顔が見えないと、人の話を聞いているのかどうかが確認できない。

・聞いて考えているのか、話題に乗り切れていないのか、映像だけでは判断がつかない。対面だと集中力が切れているのか対話には参加しているのかは態度でなんとなく判断がつくが、その情報が少ない。

・対話が終わった後の雑談がなく、対話の後の「もう少し話したい」という気持ちを共有できる時間がない。

メリット

・画面上の人数上限はあるが、画面上にすべての子どもの表情が一望できる。
・全員が一律に表示されるためファシリテータから話を振ったり、当てたりしたときの圧力が少なく、参加者からの視線が集まることがないので、話し始めやすい。
・資料や教材などが提示しやすい。

オンラインでの哲学対話には、一般に次のような特徴がある。オンラインでは、参加者の身体としては、顔だけが見えて、全身は見えにくくなる。身体からの情報は減り、ボディランゲージは難しくなる。皆が正面のスクリーンを注視するが、目線が誰に向いているのかがわからなくなる。バラバラに話（私語？）をすることはできず、対話は一箇所でしか進行しない。顔がお互いに見えるので、話に集中はできるが、それゆえ、かえって互いに表情に変化がなくなる。参加者が多すぎると、回線の都合で、一部の人だけをビデオオンにするので、誰が参加しているのかさえも分かりにくくなる。発言に関しても、対面での対話と違って、話し出すタイミングをとりにくいときがある。同時に話してしまうと、音声が重なって混乱するので、ひとりひとり話すようになる。それは、ひとりひとりがゆっくり話す機会が与えられるということでもある。

それでは、オンラインでの対話のメリットとデメリットは何だろうか。ここではオンラインのコストや回線の安定性、セキュリティなど環境面については論ぜず、対話の中身だけを比較することにしよう。

まずメリットとしては、当然、遠隔の人が集まれる点である。哲学対話に参加したくても、近隣で実施されていなかったり、移動する余裕のなかったりした人が参加できるようになる。物理的な移動がないため、時間的、体力的、コスト的に負担が減る。これまで参加しにくかった時間帯でも参加可能になる。開催する側も、対面の会場を確保する必要もなくなり、準備が非常に簡略になる。

これと関連して、これまでとは異なった人たちが参加することにより、参加者の多様性が生まれることがメリットである。たとえば、子どもの哲学であっても、これまでは学級や図書館、児童館など身近に居住している子どもたち同士での対話であったのが、オンラインでは、海外も含めて遠方の地域の子どもと話をすることができるようになる。哲学カフェであれば、同じテーマでも、世代や地域、職業種が多様になることで対話が弾み、多角的な議論ができるようになる。

第三のメリットとして、顔が画面に並んでいる方が、緊張感なく参加できるという人もいる。対面では話し手に視線が一斉に集まることがあるが、オンラインでは、実際には皆が自分を見ていても、視線が集中する感じが薄れる。この状態が話しやすいと感じる人がいる。また、対面では、それぞれが周囲と話をしてしまい、雰囲気がざわつくことがある。しかしオンラインでは、皆が静かにしているため、あまり反応を気にせずに、落ち着いて話すことができる。また、ひとりひとりが順番に発言をするために、誰かを抑えて話し始める感じはしない。同じ理由から、話すきっかけを掴みやすいという人もいる。

他方、デメリットは、最後のメリットの裏返しとして、ひとりまたひとりと間が開きながらの対話になるために、オンラインでの対話は時間がかかることである。時間がかかるというより、テンポやリズムが悪くなる。ゆっくりと議論するのは対話にとってよいことだが、オンラインでの対話には、対面でのやり取りで生じるリズム感がどこかで失われてしまう。私たちが対話をするときには、誰かの発言を聞き、その応答として何か話したいという気持ちになる。そこで素早く手をあげて声を出したり、あるいは、おもむろに低く話し始めたりする。そうしたテンポやリズムが、オンラインでは表現が難しくなる。もちろん、私たちは、実際の対話では、テンポやリズムを意識してはいないだろう。だが、発言のやり取りの中には、素早い激しい反応や、ゆっくりとした溜めのある反応などの緩急が生じる。そこにも対話の内容と同じほど、発言者の気持ちや感情が表現されていると言えるだろう。

また、私たちは、意識的であれ無意識的であれ、表情や目線、姿勢、仕草、動作など体の動きによって、言葉によるコミュニケーションを補っている。それがオンラインでは伝えにくくなり、分かりにくくなる。誰に向けて話しかけているのかがはっきりしなくなるので、聞いている側も目線や表情が自分に向けられているとは思えずに、表情や動作で反応しなくなる。対面であれば、手を上げるという簡単な動作で済むことが、オンラインでは誰が発言したいかを確認しなければならない場合が増える。目線で次に発言したいと伝えることも難しくなる。総じて、身体的な動きで伝えられていたかなりのことを、言語やウェブ上の操作で表現しなければならなくなる。その分、時間がかかるだけでなく、今述べたようにテンポやリズムが悪くなる。

しかし、身体的なコミュニケーションが制限されることで、かえって相手の意図や主張が分かりやすくなると思う人もいる。そういう人にとっては、オンライン対話はやりやすい。他方で、このテンポとリズムの悪さからくる副作用として、飽きやすいということが生じてくる。とりわけ、低学年の子どもにとってオンラインの刺激は十分とは言えないのかもしれず、通常の対面での授業よりも飽きやすいように思われる。しかし大人も同様ではないだろうか。

そして、これがオンライン対話の最大のデメリットであるが、ある場所に皆でいるという場所感、あるいは、出来事の共有感といったものが非常に弱くなることである。特定の場所にいることは、対話の内容に影響を及ぼす。それゆえ、哲学対話のオーガナイザーは、場所の設定に心を砕く。しかし、オンラインでは、当たり前の室内を背景にした顔が並ぶだけである。そこには統一されたムードがない。身を浸す雰囲気がない。体で感じる空気や雰囲気が弱いために、共同で何かを行ったといった一体感が得にくい。話に集中する以外に間がもたない。話と話の間に漂う場所の空気あるいは雰囲気がない。それゆえ、反省的な思考は深まるが、皆で同じテーマを探求し、問いを分かち合っているという感覚が弱くなるのである。

オンラインでの対話の特徴、そのメリットとデメリットは以上である。しかし注意すべきは、オンラインでの哲学対話は、けっして対面の代替方法ではなく、独特のメリットとデメリットをもった新しい方法であり、新しい場だということである。

5　マスク越しの対面対話

新型コロナウイルスの感染拡大に応じて、第一回（二〇二〇年四月七日に七都道府県対象、十六日全国に拡大）の緊急事態宣言が発出されたときには学校も閉鎖となったが、それが解除された二〇二〇年六月以降は、感染を回避する対策をとりながら、小中高等学校では授業が続けられた。感染状況の時期と場所によってかなり異なるが、基本的に児童生徒と教職員にはマスクをつけてもらって、授業が行われるようになった。

そうした制約の中でも、哲学対話を取り入れた授業は行われた。感染がそれほど深刻でない地域や時期では、マスクをかけての対話は許されていたが、普段よりも隣同士で空間をあける必要がある。また、手からの感染を避けるため、コミュニティボールを使うことはしなかった。コミュニティボールとは、子どもの哲学でしばしば用いられる毛糸で作ったボールである。このボールをもった人が発言でき、他の人は聞き手に回る。このボールを渡すことによって発言権が移る。これを用いるメリットは、一人一人の発言をしっかり効くようになることであり、ボールを回すことで、多くの子どもが発言できるようになることである。

そこで、マスク越しの対話は、それなしでの対話とはどのような違いがあるだろうか。マスクをかけての哲学対話を実施したファシリテータは、以下のような印象をもったという。

図 8-2　従来の子どもの哲学（人と人との間が狭く、マスクをかけていない）

図 8-3　コロナ禍でのマスクをかけて人数を減らした子どもの哲学

聞こえづらい

・マスク越しでは、子どもの声が小さくて聞こえづらい。
・学校では、マスクをしていても大きな声を出さない、と指導しているようなので、なおさら話声が小さい。
・声が小さいときに、口の動きが見えないので理解が難しい。
・子どもたち同士でも本当に聞こえていたのかどうかが確認しづらい。「もう一度言ってください」という言葉はあまり出てこなかった。
・子ども同士も何を言ってるのかわからなくて、つまらなくなってしまう子もいた。けれども、逆に何度か聞き直したり、前のめりになって聞いたりする機会に繋がることもあった。うまくこれを利用することができるとよい。

表情が読めない

・話しにくいことよりも、表情が読めないのがファシリテータとしては困る。言葉以上に表情という情報によってファシリテーションをしているのではないか。うなずくなど表情で伝えていたことが、伝えられていない。
・子どもたちもお互いの表情が読めないので、自然と落ち着いたトーンの対話になっているのかもしれない。話す表情で対話が白熱していく面があるのかもしれない。

・マスクをつけることによって、制約を受けている感があるのか、のびやかな雰囲気が感じられなくなり、対話の勢いというものがなくなったような気がする。
・他の参加者の表情やファシリテータの表情が読みづらいので、ちょっと最初は互いに緊張し、態度が固かった。

聞く姿勢の変化

・マスクをつけていないときよりも、聴きづらいためか体を前のめりにして、明らかにしっかり聴こうという姿勢をとる子が多かったような気がする。目を閉じて下を向いて、「耳を澄ます」ような感じの子がかなり見受けられた。
・マスクをしていると表情がよくわかないので、「目が何かを言っているんじゃないか」と思って、目を見て話すことが多くなった。

その他

・同じメンバーでやっているからかもしれないが、それほど変化を感じなかった。むしろ、コロナ禍で対話へのモチベーションは上がった。
・椅子に座ってやるのか、カーペットに座ってやるのか、コミュニティボールを使うのか、使わないのかによって、変わることはある。だが、マスクによって変わることはあまりなかったと思う。

・初めての人たちの馴染み方が、マスクでは遅い感じがする。

以上は、数人のファシリテータ（教師）の印象をまとめただけなので、網羅的・一般的なものではない。また学級がすでにできていて、その後にコロナ禍によりマスクをかけるようになった場合と、最初からマスクをかけた状態で出会うことになった場合とでは大きく異なるだろう。しかし、どのコメントも意外の感はなく、むしろ、子どもと大人であまり変わらないものだ、と思われるのではないだろうか。

6　まとめ――対話の場とは何か、何が共有されているのか

オンラインにおいても、マクスを掛けた対話にせよ、身体の一部が隠されている。これにより相手に対する情報が制限され、相手の言葉に意識が集中するとも言える。哲学対話は、しっかりと議論することが一つの目的なので、このことはよい効果を生むと言えるかもしれない。しかし、その反面、対話としての流れが阻害されがちで、発想も途切れ気味になる。また、何よりもその場を共有しているというコミュニティの感覚が弱くなる。おそらくこのことは、オンラインで会議や打ち合わせをした人なら、誰でも感じることではないだろうか。ビジネスのやりとりなら、そういう場を共有する必要などないし、顧客との間に信頼関係を作る必要はあっても、「コミュニティ感覚」

を作る必要もないだろう。

しかし哲学対話は、自分が変化することを望み、それを楽しむものでさえある。哲学対話（dialogue）がディベート（討論、debate）とは異なる点は、ここにある。哲学対話もディベートも、論理的に議論を組み立て、主張に実証性が認められるかどうかを検討する合理的な会話活動である点には変わりはない。だが、哲学対話がディベートと異なる最大の点は、哲学対話では自分の考えや立場を変えてよい点にある。ディベートは、法廷論争をモデルにしている。そこでは自分の立場は基本的に変わることはないし、むしろ変えてはいけない。これに対して、哲学対話では、説得力のある他者の意見によって考えを変えてよいし、質問によって自分の立場が維持できなくなってもよい、それどころかそうした変化は大歓迎である。

哲学カフェに集う人は、自分に変化を起こすために足を運んでいると言える。ある対話の場に浸透されて、自分がそれに染まり、そこで人の発言が自分の体の底に響くことを望む。哲学対話は、いわば変化（へんげ）の試みである。先に触れたように、だから、哲学対話のオーガナイザーは対話の場所を慎重に選択する。寺では、落ち着いて人生をテーマとした対話に向いているだろう。作品を鑑賞した後で、美術館のオープンスペースで行う対話は、やはり作品群の醸し出すムードに包まれる。キャンプファイアの火以外は漆黒の闇に沈んだ森林での対話は、深い黙考に誘われる。コーヒーやワインの香りが漂う心地よいカフェでの対話は、自ずと和やかな、回想的な内容になる。場所の違いが私たちの対話を変化させ、それにより私たち自身が変わる。哲学対話は、自分を変容させるコミュニティを作り出す場なのである。自分でその場の構築に参画しながら、その場によって自己を変容させる、そうした試みである。

ウェブでは、何よりもそうした場所の設定ができない。それぞれの参加者は、それぞれ別の場所にいる。場所は対話の暗黙のテーマである。参加者全員を包み込んでくる場が共有されていない。すると、一緒に笑う、一緒に唸る、だんだん疲れたムードが伝搬するなどといった身体的で感情的なつながりも弱くなってしまう。

また、オンラインでも、マスクを掛けた場合でも、対話に参加する人の身体性に制限をかける。オンラインでは、顔以外の身体部分が隠れ、あるいはカメラの角度で顔も見えにくくなり、マスクでは口元が隠れる。身体が隠れても、口元が隠れても、相手の発言を理解するための情報や文脈が縮減する。これによって失われるのは何であろうか。私には、それは一種のリズムであるように思われる。共振性と言い換えてもいいかもしれない。

以前にも論じたように（河野、2019）、発話とは、音声として見れば、さまざまなリズムをもった声の連なりである。発話に意味を与えているのは、その発話の究極的な背景であり文脈である、その人物そのものである。しかもその人物とは、その身体とそれまでの人間を含めた周囲の環境との相互作用の層のようなものである。人間は、それまでの人生における行動の連なり、その長い長い流れの中で発話し、話を傾聴する。言葉の意味づけはその流れの中で行われる。そこでは、音楽のように、さまざまなリズムと旋律が複雑にぶつかりながら、協調しながら流れていく。そのそれぞれの人生の流れが集まり、共同して何かを生み出そうというのが、対話なのである。対話にうまく入れないという人は、その複数の流れの集合が生み出していくリズムにうまく乗れないでいるのだろう。目の前の流れの中に身を投じて、その動きに最初は身を任せ、おもむろに手足を動かして流れに身を預けながらも泳いでいく。これはなかなか難しい作業である。

　私たちは、人の話を傾聴するというときには、その身振りと発話に身を浸す。その他者の身体の侵入はときに力強く、しばらくその身体に支配されたかのような時間がすぎる。しかし他者の身振りと話し振りのリズムが、微妙な違和感を私のなかに生み出し、それを自分とは別のリズムとして切り離そうとするときに、言葉が発出する。緊張して身体がこわばらないように、流れは緩やかな方がいい。一度タイミングを外すと、もうただただ流されてしまうような激流ではなく、各人がうまく自分の呼吸と手足の流れを協調できるような流れに保っておくことが、ファシリテータの仕事である。対話を徹底して身体的なパフォーマンスとして捉えるなら、オンラインでは、この身体の場と他人の身体との共振性が弱まってしまう。オンラインでの対話とは、もしかすると、手紙でのやりとりと身体的なパフォーマンスの中間なのかもしれない。しかし、先に述べたように、身体性が縮減されるがゆえに、オンラインを好む人もいるのである。

　このようにオンラインでの対話は、重要な点で対面での対話と異なる。マスクを掛けての対話のあり方は、やはり掛けない状態とは微妙に異なっている。対話が音楽のようなパフォーマンスであれば、そのやり取りの小さな違いが、一瞬の反応の遅れや相手の反応の見逃しにつながり、その後の対話の展開に大きな影響を及ぼしても不思議ではない。オンラインでの哲学対話は、対面の劣った類似品ではなく、それは異なったメディアを用いた、微妙に異なったコミュニケーションなのである。

謝　辞

本書を書くときにご協力いただいた以下の方に感謝申し上げます。金澤正治さん、鬼満詩穂さん、佐藤摩衣さん、中川雅道さん、長谷川解さん、前田有香さん、松井朋子さん。また、本論文は以下の日本学術振興会科学研究費助成事業の成果の一環です。新学術領域補助金計画班「顔と身体表現の比較現象学」(17H06346)、基盤研究(A)「生態学的現象学による個別事例学の哲学的基礎付けとアーカイブの構築」(17H00903)

あとがき

山口真美

この本の発刊時に手にされた読者はみなさん共通して、二一世紀のパンデミックに遭遇した人類の一人でしょう。これほど大きな事態を人類全体が共有するとは、歴史的には稀なことだと思います。この世代がいつまで続くのか、パンデミック後に生まれてパンデミックを体験しない未来の読者にはこの本がどのように響くのか……二〇二二年三月の今も先のことはわからないことだらけです。

日付を巻き戻してみると二〇二〇年の年明け早々、新型コロナウイルス感染症（COVID-19）の恐怖は、日本人の一人一人の心に少しずつ忍び寄ってきました。中国の武漢市から始まってワイドショーの番組でも繰り返し流された出来事の数々、日本ではクルーズ船での様子が連日報道され、そして身近な市中へと、感染は広まっていきました。

パンデミックは人々が密集して暮らす都市の病で数百年おきに起きるともいわれているようです

が、世界が圧倒的につながっている現在は、事態を加速化させているようです。多くの人々が世界各地を飛び回る中で、これまで以上の速度で感染は世界中に拡散していきました。そして情報通信の発展によって、自宅にいるままにして、世界中の映像が飛び込んできます。世界の今の状況が、インターネットを介して手に取るようにわかるということ。そしてワイドショーなどのテレビ映像を通して、同じような情報が何度も何度も繰り返し流され増幅していくこと。それによる恐怖の加速……。このあとがきを書いている今も、新たな変異株の報道が流され、潔癖な日本ではマスクの使用が厳密化され、道行く人々はマスク装着のままです。

この本は、新学術領域（研究領域提案型）「トランスカルチャー状況下における顔身体学の構築—多文化をつなぐ顔と身体表現—（略称：「顔・身体学」）」の研究グループに属する心理学・文化人類学・哲学の研究者が、それぞれの視点からまとめたものです。新学術領域「顔・身体学」は、東京オリンピック・パラリンピック後の、さまざまな国や地域の人々が行きかう日本社会を前提にした計画でした。ところが二〇二〇年に開催予定のオリンピック・パラリンピックは二〇二一年に延期され、パンデミックの中で行う初のオリンピック・パラリンピックとして、無観客で開催されました。人々の盛り上がりを前提にした当初の研究計画とは、真逆の世界となりました。

そんなコロナから二年が経過し未だ先が見えない状況ですが、頑張って少しだけ先を読んでみたいと思います（数年後に、全くの読み違いとなるかもしれませんが）。心理学者の端くれの筆者としては、コロナ後を考える上で、心理学者ハリー・フレデリック・ハーロー（Harry Frederick Harlow, 1905–1981）の研究を再考したいと思います。彼の実験は倫理的な側面からいうと賛否両論ありますが、針金とタオル地でできた代理母を与えたアカゲサルの実験は、少なくとも感染症後の社会に対する示唆に富んだものだと思うのです。ハーローが研究した一九五〇年代は二つの世界大戦を生き残った子供たちに対して、感染症予防のため病院や施設で〝無菌〟と〝隔離〟を徹底しました。結果、子供たちは次々と命を失いました。そんな中でハーローの実験は、感染症をはじめとする病原菌から守ることを優先にして人々のつながりを絶つことが、どのような心理的な問題を生み出すのか、人として生きるためには何が必要かを如実に示したのです。それは二つの世界戦争を乗り越えた二〇世紀の知見ともいえると思います。この二一世紀のパンデミックの中で、感染症予防という名目のもと人々を隔離し分断することによって、その後、なにが生じるのか。今まさに、この二〇世紀の知見を超える、新たな知見を考えねばならない状況にあるのではないでしょうか?

本書の出発点は、二〇二〇年四月二〇日から二〇二一年一月一四日まで続いた「顔身体学ブログ」にあります。コロナ下における顔身体学の研究者の日常の変化をつづったウェブ連載です。ブログの当初の目的は、海外でのデータ収集ができない若手研究者に執筆の機会を提案したことでした。もちろん、感染症の歴史からみても貴重な時代を過ごした研究者としての日常を記録として残しておくことでもありました。

共同研究先で実験を行っていたオランダから急きょ退避となった東京女子大学の心理学の大学院生さんの日常の記述から始まり（すぐに研究を再開できると思っていた当時、海外での食事の写真にはほのぼのしたことが思い出されます）、同じくフィリピンからぎりぎりの状況で退去した文化人類学者の話や、ロックダウン中のイギリスに在外研究で滞在した学術研究員のお話。都会と地方の大学の間でのコロナをめぐる温度差を感じた話や、アフリカとオンラインでつないで語りあったマスクの使い方の逸話や、コロナ下での動物実験の現状などなど、実にさまざまな日常をためることができました。そんなブログを執筆したメンバーの中から、そのエッセンスを抽出してまとめたのが本書です。改めて読み直してみますと、ブログよりもさらにそれぞれの研究者の主張が色濃く書かれていると思います。

本書で扱ったのは、コロナ下の分析からコロナ後を考えることまで多岐にわたるお話です。コロナ下の分析では、感染者数が減っても律儀な日本人が着用し続けるマスクの話があります。コロナ前後でのマスク着用に対する分析は、記録としても重要でしょう。また、マスクと比較する上での仮面文化や、オタク文化の視点からコロナについて考察することもできました。コロナ下では、接触する挨拶の様式を変えることが求められましたが、文化によって挨拶の際の距離の取り方が違うのはなぜか。挨拶の距離の多様性について進化的に議論されています。こうした現状の分析とともに、コロナ下の人々の心の問題として、人々の間に分断を生み出したことがあげられます。それぞれの国が閉ざされ人々は内向きになり、異質なものを排除する傾向が強くなりました。そんな分断を生み出すことについても解説しています。一方で、人は誰もが何か欠けていることを前提に成立するバリ社会での障害者のあり方は、分断が進む現代社会に対して、重要な問題提起を示しているように思えてなりません。そしてさいごに、分断を乗り越え開かれた明日のために、対話を学ぶ場を設定してみました。

これらすべては、顔と身体にかかわるものです。コロナ下で失われたものは、こうしたリアルな顔や身体性であったと思います。コロナ後の世界はどうなるのでしょうか。実在する顔や身体を扱う「顔・身体学」として、ポジティブにこれから先の世界を考えていきたいと思います。

河原純一郎・横澤一彦
シリーズ統合的認知①注意
選択と統合
三八五〇円

横澤一彦・積山　薫・西村聡生
シリーズ統合的認知③身体と空間の表象
行動への統合
三三〇〇円

三浦佳世・川畑秀明・横澤一彦
シリーズ統合的認知⑤美感
感と知の統合
三八五〇円

カート・ダンジガー　著
河野哲也　監訳
心を名づけること
心理学の社会的構成
上三一九〇円
下三三〇〇円

樋口・ゲバウァ・シュスターマン
身体感性と文化の哲学
人間・運動・世界制作
三八五〇円

西山雄二　編著
いま言葉で息をするために
ウイルス時代の人文知
三八五〇円

ジャン＝リュック・ナンシー　著
伊藤潤一郎　訳
あまりに人間的なウイルス
COVID-19の哲学
二四二〇円

西條辰義・宮田晃碩・松葉　類　編
フューチャー・デザインと哲学
世代を超えた対話
三三〇〇円

＊表示価格は二〇二一年七月現在。消費税（一〇％）を含みます。

コロナ時代の身体コミュニケーション

2022年7月20日　第1版第1刷発行

編著者　山口真美（やまぐちまさみ）
河野哲也（こうのてつや）
床呂郁哉（ところいくや）

発行者　井村寿人

発行所　株式会社　勁草書房（けいそうしょぼう）

112-0005　東京都文京区水道2-1-1　振替　00150-2-175253
（編集）電話　03-3815-5277／FAX　03-3814-6968
（営業）電話　03-3814-6861／FAX　03-3814-6854
平文社・松岳社

ISBN978-4-326-29934-8　　Printed in Japan

執筆者紹介

山口真美（やまぐち まさみ）編者，第1章
中央大学文学部教授。お茶の水女子大学人間文化研究科博士後期単位取得退学。博士（人文科学）。専門は乳児の視知覚の発達。著書に『顔身体学ハンドブック』（東京大学出版会，2021）がある。

河野哲也（こうの てつや）編者，第8章
立教大学文学部教授。慶應義塾大学文学研究科後期博士課程修了。博士（哲学）。専門は哲学，倫理学。著書に『問う方法・考える方法』（筑摩書房，2021）がある。

床呂郁哉（ところ いくや）編者，第3章
東京外国語大学アジア・アフリカ言語文化研究所教授。東京大学大学院総合文化研究科博士課程退学。博士（学術）。専門は文化人類学，東南アジア研究。著書に『わざの人類学』（京都大学学術出版会，2021）がある。

渡邊克巳（わたなべ かつみ） 第1章
早稲田大学理工学術院基幹理工学部教授。カリフォルニア工科大学（Caltech）計算科学神経システム専攻博士課程修了。Ph.D 専門は認知科学，神経科学。著書に『日常と非日常からみるこころと脳の科学』（コロナ社，2017）がある。

河原純一郎（かわはら じゅんいちろう）第2章
北海道大学文学研究院教授。広島大学大学院教育学研究科修了。博士（心理学）。専門は認知心理学，人間工学。著書に『注意』（勁草書房，2015）がある。

宮崎由樹（みやざき ゆうき）第2章
福山大学人間文化学部准教授。首都大学東京人文科学研究科単位取得後退

学。博士（心理学）。専門は認知心理学，応用心理学。著書に『応用心理学ハンドブック』（福村出版，近刊）がある。

小手川正二郎（こてがわ しょうじろう）第 4 章
國學院大學文学部准教授。慶應義塾大学大学院文学研究科後期博士課程修了。博士（哲学）。専門はフランス近現代哲学，現象学。著書に『現実を解きほぐすための哲学』（トランスビュー，2020）がある。

小谷弥生（こたに やよい）第 5 章
中央大学研究開発機構助教，日本女子大学人間社会学部学術研究員。大阪大学大学院人間科学研究科博士後期課程単位修得満期退学。修士（哲学）。専門はフランス哲学，時間論，芸術学。著書に『ドゥルーズ　没後 20 年新たなる転回』（河出書房新社，2015）がある。

吉田ゆか子（よしだ ゆかこ）第 6 章
東京外国語大学アジア・アフリカ言語文化研究所准教授。筑波大学人文社会科学研究科博士課程修了。博士（学術）。専門は文化人類学。著書に『バリ島仮面舞踊劇の人類学』（風響社，2016）がある。

田中みわ子（たなか みわこ）第 6 章
東日本国際大学健康福祉学部教授。筑波大学大学院人文社会科学研究科博士課程単位取得退学。博士（文学）。専門は障害学。著書に『バリアフリー・コンフリクト』（東京大学出版会，2012）がある。

高橋康介（たかはし こうすけ）第 7 章 5，6 節
立命館大学総合心理学部教授。京都大学大学院情報学研究科博士後期課程修了。博士（情報学）。専門は認知心理学。著書に『再現可能性のすゝめ』（共立出版，2018）がある。

島田将喜（しまだ まさき）第 7 章 1 節
帝京科学大学生命環境学部准教授。京都大学大学院理学研究科博士後期課程修了。博士（理学）。専門は霊長類学，人類学，遊び論。
著書に『遊びの人類学ことはじめ』（昭和堂，2009）がある。

錢琨（せん こん）第7章2節
九州大学アジア・オセアニア研究教育機構准教授。九州大学大学院人間環境学府博士後期課程修了。博士（心理学）。専門は実験心理学，文化心理学。著書に『感性認知』（北大路書房，2016）がある。

大石高典（おおいし たかのり）第7章3節
東京外国語大学大学院総合国際学研究院准教授。京都大学大学院理学研究科博士後期課程研究指導認定退学。博士（地域研究）。専門は生態人類学，アフリカ地域研究。著書に『民族境界の歴史生態学』（京都大学学術出版会，2016）がある。

田暁潔（でん しゃうじぇ）第7章4節
日本学術振興会特別研究員（PD，筑波大学）。京都大学大学院アジア・アフリカ地域研究研究科博士後期課程修了。博士（地域研究）。専門は生態人類学・文化人類学，子ども研究。著書に『子どもたちの生きるアフリカ』（昭和堂，2017）がある。

後藤真実（ごとう まなみ）コラム
日本学術振興会海外特別研究員（ニューヨーク大学アブダビ校）。エクセター大学大学院アラブ・イスラーム学博士課程（2019）修了。Ph.D.（Arab and Islamic Studies）。専門は湾岸地域研究。著書に『ユニバーサル・ミュージアム』（小さ子社，2021）がある。

索　引

カ　行

サ　行

タ　行

ナ　行

ハ　行

参考文献

第1章

Geangu, E., Ichikawa, H., Lao, J., Kanazawa, S., Yamaguchi, M. K., Caldara R., & Turati, C. (2016). Culture shapes 7-month-olds' perceptual strategies in discriminating facial expressions of emotion. *Current Biology, 26*(14). R663-R664.

Ichikawa, H., Nakato, E., Igarashi, Y., Okada, M., Kanazawa, S., Yamaguchi, M. K., & Kakigi, R. (2019). A longitudinal study of infant view-invariant face processing during the first 3-8 months of life. *Neuroimage, 186*, 817-824.

Jack, R. E., Blais, C., Scheepers, C., Schyns, P. G., & Caldara, R. (2009). Cultural confusions show that facial expressions are not universal. *Current Biology, 9*(18): 1543-1548. DOI: 10.3389/fpsyg.2013.00034

Nakato, E., Otsuka, Y., Kanazawa, S., Yamaguchi, M. K., Watanabe, S., Kakigi, R. (2009). When do infants differentiate profile face from frontal face? A near-infrared spectroscopic study. *Human Brain Mapping, 30*(2), 462-472.

Simion, F., Valenza, E., Macchi, V., Turati, C., & Umiltà, C. (2002). Newborns' preference for up-down asymmetrical configurations. *Developmental Science, 5*(4), 427-434.

田中彰吾・浅井智久・金山範明・今泉修・弘光健太郎（2019）．心身脳問題1―からだを巡る冒険―　心理学研究，*90*, 520-539.

Vincent, M. R., Kirsty D., Robert J. Y., Johnson A., Tim., & Nadja R. (2017). The Human Fetus Preferentially Engages with Facelike Visual Stimuli. *Current Biology*, June. DOI, 10.1016/j

山口真美（2016）．自分の顔が好きですか「顔」の心理学　岩波ジュニア新書

山口真美（2019）．こころと身体の心理学　岩波ジュニア新書

第2章

Burgess, A., & Horii, M. (2012). Risk, ritual and health responsibilisation: Japan's 'safety blanket' of surgical face mask - wearing. *Sociology of Health & Illness, 34*, 1184–1198.

Goffman, E. (1967). *Interaction ritual: essays on face-to-face interaction.* Aldine.

Greenwald, A. G., McGhee, D. E., & Schwartz, J. L. (1998). Measuring individual differences in implicit cognition: the implicit association test. *Journal of Personality and Social Psychology, 74*, 1464–1480.

堀井光俊（2012）．マスクと日本人　秀明出版会

伊藤資浩・河原純一郎（2019）．黒色の衛生マスクの着用が印象と魅力の知覚に及ぼす影響　北海道心理学研究，*41*, 1–13.

鎌谷美希・伊藤資浩・宮崎由樹・河原純一郎（2021）．COVID-19流行が黒色衛生マスク着用者への顕在的・潜在的態度に及ぼす影響　心理学研究，*92*(5), 350–359.　https://doi.org/10.4992/jjpsy.92.20046

Kamatani, M., Ito, M., Miyazaki, Y., & Kawahara, J. I. (2021). Effects of Masks Worn to Protect Against COVID-19 on the Perception of Facial Attractiveness. *i-Perception, 12*, 20416695211027920.

厚生労働省（2020）．新型コロナウイルスを想定した「新しい生活様式」の実践例を公表しました　厚生労働省 Retrieved from https://web.archive.org/web/20210106230759/ https://www.mhlw.go.jp/stf/seisakunitsuite/bunya/0000121431_newlifestyle.html（2021年8月10日）

前澤知輝・宮崎由樹・松長芳織・若杉慶・柴田彰・河原純一郎（2020）．衛生マスクへの着香が花粉症の不快感低減に及ぼす効果とその時間的推移　人間工学，*56*, 29–33.

宮崎由樹・伊藤資浩・神山龍一・柴田彰・若杉慶・河原純一郎（2020）．顔面下部のサイズ情報が顔の見かけの大きさに強く影響する　人間工学，*56*, 222–230.

宮崎由樹・鎌谷美希・河原純一郎（2021）．社交不安・特性不安・感染脆弱意識が衛生マスク着用頻度に及ぼす影響　心理学研究，*92*(5), 339–349. https://doi.org/10.4992/jjpsy.92.20046

Miyazaki, Y., & Kawahara, J. I. (2016). The sanitary - mask effect on perceived facial attractiveness. *Japanese Psychological Research, 58*, 261–272.

Nakayachi, K., Ozaki, T., Shibata, Y., & Yokoi, R. (2020). Why do Japanese people use masks against COVID-19, even though masks are unlikely to offer protection from infection? *Frontiers in Psychology, 11*, 1918.

Raynolds, I. (2009). Mask-wearing de rigeur as flu spreads in Japan. REUTERS Retrieved from https://web.archive.org/web/20210812102551/https://jp.reuters.com/article/us-flu-japan-masks-sb/mask-wearing-de-rigeur-as-flu-spreads-in-japan-idUSTRE54I0QQ20090519 (2021 年 8 月 10 日)

Rice, G. W., & Palmer, E. (1993). Pandemic influenza in Japan, 1918–19: mortality patterns and official responses. *Journal of Japanese Studies, 19*, 389–420.

Rudman, L. A., McLean, M. C., & Bunzl, M. (2013). When truth is personally inconvenient, attitudes change: the impact of extreme weather on implicit support for green politicians and explicit climate-change beliefs. *Psychological Science, 24*, 2290–2296.

ユニ・チャーム株式会社 (2014). マスクの着用による外見・表情の違いを検証　ユニ・チャーム株式会社 Retrieved from https://web.archive.org/web/20201010114453/ http://www.unicharm.co.jp/company/news/2014/1197772_3930.html (2021 年 8 月 10 日)

World Health Organization (WHO) (2020). Coronavirus disease (COVID-19) advice for the public. https://www.who.int/emergencies/diseases/novel-coronavirus-2019/advice-for-public (2021 年 8 月 10 日)

Yang, J., Marziano, V., Deng, X., Guzzetta, G., Zhang, J., Trentini, F., ... & Yu, H. (2021). Despite vaccination, China needs non-pharmaceutical interventions to prevent widespread outbreaks of COVID-19 in 2021. *Nature Human Behaviour*, 1–12.

吉永尚紀・清水栄司 (2016). 社交不安障害（社交不安症）の認知行動療法マニュアル　不安症研究, *7*, 42–93.

第 3 章

東浩紀 (2001). 動物化するポストモダン　講談社

阿部和重 (2012). 幼少の帝国―成熟を拒否する日本人　新潮社

阿部公彦 (2015). 幼さという戦略―「かわいい」と成熟の物語作法　朝日新聞出版

フォーカス台湾（2020）．感染症擬人化シリーズに『新型コロナ』『正体不明』中性的な風貌 https://japan.cna.com.tw/news/asoc/202010190007.aspx（2021年6月9日アクセス）

Galbraith, P. W.（2019）. *Otaku and the Struggle for Imagination in Japan*, Duke University Press.

ハラウェイ，D.・ディレイニー，S.・サーモンスン，J. 巽孝之（編訳）小谷真理（訳）（2001）．サイボーグ・フェミニズム【増補版】 水声社

化濱（2012）．コスプレでつながる中国と日本—越境するサブカルチャー 学術出版会

ジェンキンズ，J. 渡部宏樹・北村紗衣・阿部康人（訳）（2021）．コンヴァージェンス・カルチャー 晶文社

久保友香（2019）．「盛り」の誕生—女の子とテクノロジーが生んだ日本の美意識 太田出版

桑原牧子（2009）．身体加工 日本文化人類学会（編） 文化人類学事典（pp. 76-77） 丸善

モース，M.（1976）．身体技法 モース，M. 伊藤昌司・有地亨・山口俊夫（訳）社会学と人類学Ⅱ（pp. 121-156） 弘文堂

増田セバスチャン（2018）．世界にひとつだけの「カワイイ」の見つけ方 サンマーク出版

森川嘉一郎（2003）．趣都の誕生 幻冬舎

Napier, S.（2007）*From Impressionism to Anime—Japan as Fantasy and Fan Cult in the Mind of the West*. Palgrave Macmillan.

ノーマン，D. 岡本明・安村通晃・伊賀聡一郎・上野晶子（訳）（2004）．エモーショナル・デザイン 新曜社

大塚英志（2009）．アトムの命題—手塚治虫と戦後まんがの主題 KADOKAWA

Saito, K.（2020）. Anime In A. MacFarlane, L. Schmeink, & G. Murphy（eds.）*Routledge Companion to Cyberpunk Culture*（pp. 151-161）. New York: Routledge.

齋藤環（2006）．戦闘美少女の精神分析 筑摩書房

齋藤環（2014）．キャラクター精神分析—マンガ・文学・日本人 筑摩書房

須川亜紀子（2018）．オーディエンス、ファン論（ファンダム）—2.5次元化するファンの文化実践 小山昌宏・須川亜紀子（編）アニメ研究入

門（応用編）（pp. 118-142）現代書館

Suzuki, S. (2020). Manga, In A. MacFarlane, L. Schmeink, & G. Murphy (eds.) *Routledge Companion to Cyberpunk Culture* (pp. 107-118). New York: Routledge.

田中東子（2009）．コスプレという文化　成実弘至（編）コスプレする社会―サブカルチャーの身体文化　せりか書房

田中東子（2017）．コスプレとサブカルチャー　藤田結子・成実弘至・辻泉（編）ファッションで社会学する　有斐閣

床呂郁哉（2016）．野性のチューリングテスト　河合香吏（編）他者（pp. 399-418）　京都大学学術出版会

床呂郁哉（2021a）．カワイイ文化　河野哲也他（編）顔身体学ハンドブック（pp. 331-336）　東京大学出版会

床呂郁哉（2021b）．身体変容の『わざ』としてのコスプレ―2次元と3次元、アート／とテクノロジーを越えて　床呂郁哉（編）わざの人類学（pp. 63-86）　京都大学学術出版会

床呂郁哉・河合香吏（2019）．新たな『もの』の人類学のための序章―脱人間中心主義のための可能性と課題　床呂郁哉・河合香吏（編）ものの人類学2（pp. 1-25）　京都大学学術出版会

四方田犬彦（2006）．「かわいい」論　筑摩書房

Wikipedia（2021）．項目「コロナちゃん」（2021年6月9日アクセス）

Winge, T. M. (2019). *Costuming Cosplay*, Bloomsbury Visual Arts.

第4章

アリストテレス　山本光雄（訳）（1968）．弁論術　アリストテレス全集第16巻　岩波書店

池田喬・小手川正二郎（2021）．「人種化する知覚」の何が問題なのか？――知覚予期モデルによる現象学的分析，思想，*1169*, 68-87.

稲原美苗（2017）．障害とスティグマ，思想，1118, 42-54.

Ngo, H. (2017). *Habits of Racism: A Phenomenology of Racism and Racialized Embodiment*. Lanham: Lexington Books.

Nussbaum, M. C. (2001). *Upheavals of Thought: the Intelligence of Emotions*. Cambridge University Press.

Nussbaum, M. C. (2004). *Hiding from Humanity: Disgust, Shame, and the Law*. Princeton University Press.（ヌスバウム，M.　河野哲也（監訳）（2010）．感情と法――現代アメリカ社会の政治的リベラリズ

ム　慶應義塾大学出版会）

Nussbaum, M. C. (2010). *Not for Profit: Why Democracy Needs the Humanities.* Princeton University Press.（ヌスバウム，M.　小沢自然・小野正嗣（訳）(2013)．経済成長がすべてか？――デモクラシーが人文学を必要とする理由　岩波書店）

Nussbaum, M. C. (2013). *Political Emotions: Why Love Matters for Justice.* Cambridge: Harvard University Press.

ヌスバウム，M. C.　田中あや（訳）(2017)．老いとスティグマと嫌悪感　思想，1118, 6-24.

Nussbaum, M. C. (2018). *The Monarchy of Fear: a Philosopher Looks at Our Political Crisis.* Oxford, Oxford University Press.

Rawls, J. (1971). *A Theory of Justice.* The Belknap Press of Harvard University Press.（ロールズ, J.　川本隆史・福間聡・神島裕子（訳）(2010)．正義論　紀伊國屋書店）

Srinivasan, A. (2022). The Political Limits of Compassion, in *Political Emotions: Towards a Decent Public Sphere.* Palgrave.

トクヴィル　松本礼二（訳）(2005)．アメリカのデモクラシー　第一巻（下）　岩波書店

Yancy, G. (2008). *Black Bodies, White Gazes: The Continuing Significance of Race.* Lanham, MD: Rowman & Littlefield.

安田浩一 (2015)．ネットと愛国　講談社

第5章

Agamben, G. (2007). *L'amico.* Milano, Nottetempo.

Arendt, H. (1958). *The human condition.* Chicago: The University of Chicago.（アレント，H.　志水速雄（訳）(1994)．人間の条件　筑摩書房）

Blanchot, M. (1971). *La chute: la fuite* in M. Blanchot *L'amitié.* Paris: Gallimard.（ブランショ，M.　清水徹・粟津則雄（訳）(1978)．カミュ論　筑摩書房）

Blanchot, M. (1996). *Pour l'amitié.* Paris: Fourbis.（ブランショ，M.　清水徹（訳）(2001)．友愛のために　《リキエスタ》の会）

Camus, A. (1947). *La peste.* Paris: Gallimard.（カミュ，A.　宮崎嶺雄（訳）(1950)．ペスト　創元社）

プラトン　今井知正（訳）(1993)．国家　山本巍・今井知正・宮本久雄・

藤本隆志・門脇俊介・野矢茂樹・高橋哲哉　哲学 原典資料集　東京大学出版会

Levinas, E. (1948). *Le temps et l'autre*. Montpellier: Fata Morgana.（レヴィナス，M.　原田佳彦（訳）(1986)．時間と他者　法政大学出版局）

Levinas, E. (1961). *Totalité et infini.* Dordrecht: Kluwer Academic Publishers.（レヴィナス，E.　合田正人（訳）(1989)．全体性と無限　国文社）

松永澄夫・鈴木泉（編）(2010)．叢書 哲学への誘い　新しい形を求めてⅠ　哲学の立ち位置　東信堂

Merleau-Ponty, M. (1964). Le Visible et l'Invisible. Paris: Gallimard.（メルロ＝ポンティ，M. (1989)．滝浦静雄・木田元（訳）見えるものと見えないもの　みすず書房）

宮崎駿（1983-1995)．風の谷のナウシカ（アニメージュ　コミックス　ワイド版　全七巻）徳間書店

More, T. (1965). *Utopia* in *Latin text and English translation* (2006), New York: Cambridge University Press.（モア，T.　平井正穂（訳）(1957)．ユートピア　岩波書店）

Sartre, J.-P. (1943). *L'Être et le néant* . Paris, Gallimard.（サルトル，J.-P.　松浪信三郎（訳）(2007-2008)．存在と無　現象学的存在論の試み（全三冊）筑摩書房）

Sartre, J.-P. et Lévy, B. (1991). L'espoir maintenant -Les entretiens de 1980. Lagrasse: Verdier.（サルトル，J.-P.・レヴィ，B.　海老坂武（訳）(2019)．いまこそ、希望を　光文社）

第6章

Barnes, C., Mercer, G., & Shakespeare, T. (1999). *Exploring Disability: A Sociological Introduction*, Cambridge: Polity.（バーンズ，C.・マーサー，G.・シェイクスピア，T.　杉野昭博・松波めぐみ・山下幸子（訳）(2004)．ディスアビリティ・スタディーズ―イギリス障害学概論　明石書店

後藤吉彦（2007)．身体の社会学のブレークスルー―差異の政治から普遍性の政治へ　生活書院

塙幸枝（2018)．障害者と笑い―障害をめぐるコミュニケーションを拓く　新曜社

イングスタッド，B.・ホワイト，S. R.（編） 中村満紀男・山口惠里子（監訳）（2006）．障害と文化—非欧米世界からの障害観の問いなおし 明石書店

木村覚（2020）．笑いの哲学 講談社

Swain, J. & French, S. (2000). Towards an Affirmation Model of Disability. *Disability & Society, 15*(4), 569-582.

Wilde, A. (2018). *Film, Comedy, and Disability: Understanding Humour and Genre in Cinematic Constructions of Impairment and Disability.* London: Routledge.

山口昌男（1985）．道化の民俗学 筑摩書房

Yoshida, Y. (2019). Imperfect Bodies and Comedy in Balinese Theater. In Y. Sakuma & Y. Yoshida (Eds.) *Disability and Affect: Proceedings of Two International Symposiums about Art* (pp. 15-23). Tokyo: Research Institute for Languages and Cultures of Asia and Africa.

第７章

Fujita, S. (2011). Health monitoring. In T. Matsuzawa, T. Humle, & Y. Sugiyama (Eds.). *The Chimpanzees of Bossou and Nimba* (pp. 353-359). Tokyo: Springer.

Hanamura, S., Kiyono, M., Lukasik-Braum, M., Mlengeya, T., Fujimoto, M., Nakamura, M., & Nishida, T. (2008). Chimpanzee deaths at Mahale caused by a flu-like disease. *Primates, 49*(1), 77-80.

服部志帆（2007）．狩猟採集民バカの植物名と利用法に関する知識の個人差 アフリカ研究，*71*, 21-40.

石川栄吉他（編）（1987）．文化人類学事典 弘文堂

木村大治（2003）．共在感覚——アフリカの二つの社会における言語的相互行為から 京都大学学術出版会

Mondada, L., Bänninger, J., Bouaouina, S. A., Camus, L., Gauthier, G., Hänggi, P., ... & Tekin, B. S. (2020). Human sociality in the times of the Covid-19 pandemic: A systematic examination of change in greetings. *Journal of Sociolinguistics, 24*(4), 441-468.

Nishida, T., Zamma, K., Matsusaka, T., Inaba, A., & McGrew, W. C. (2010). *Chimpanzee behavior in the wild: an audio-visual encyclopedia.* Springer Science & Business Media.

ニャムンジョ，F. 梅屋潔（訳）（2019）．アフリカらしさとは何か：ウブ

ントゥという思想　世界, *924*, 184-196.
大石高典（2016）．民族境界の歴史生態学――カメルーンに生きる農耕民と狩猟採集民　京都大学学術出版会
Reid, M. J. (2020). Is 2020 the year when primatologists should cancel fieldwork? *American journal of primatology, 82*(8), e23161.
Sakamaki, T. (2011). Submissive pant-grunt greeting of female chimpanzees in Mahale Mountains National Park, Tanzania. *African Study Monographs, 32*(1), 25-41.
筒井康隆（1979）．最悪の接触（ワースト・コンタクト）　宇宙衛生博覧會　新潮社
上田恵介・岡ノ谷一夫・菊水健史・坂上貴之・辻和希・友永雅己・松島俊也（編）（2013）．行動生物学辞典　東京化学同人

コラム

al-imārāt al-yawm. (2020). 3 lauḥātinn tuaʿbbiru aʿn al-fiāʾti al-aʾkthari uʿruḍatann liltaaʾthuri bifayrūsi《kūrūnā》. *al-imārāt al-yawm*, April 16. https://www.emaratalyoum.com/life/four-sides/2020-04-16-1.1335580
Fair, L. (2013). Veiling, Fashion, and Social Mobility: A Century of Change in Zanzibar. In R. Elisha (Ed.), *Veiling in Africa* (pp. 15-33). Bloomington: Indiana University Press.
Goto, M. (2021). Representing the Emirati Nation through Burquʿ: Local Identity or Imagined Community? In Y. Kondo (Ed.), *The Arabian Peninsula: History, Culture, and Society* (pp. 67-91). Tokyo: The University of Tokyo Centre for Middle Eastern Studies.
後藤真実（2021）．UAEの仮面文化―ブルカとUAE女性の関係性に着目して―　*UAE, 69* (Spring), 16-19.

第8章

フーコー, M.　田村俶（訳）（1977）．監獄の誕生――監視と処罰　新潮社
藤垣裕子・廣野善幸（編）（2020）．科学コミュニケーション（新装版）東京大学出版会
河野哲也（2019）．人は語り続けるとき、考えていない――対話と思考の哲学　岩波書店
河野哲也（2021a）．じぶんで考えじぶんで話せる――こどもを育てる哲学レッスン（改訂新版）　河出書房新社
河野哲也（2021b）．問う方法・考える方法：「探求型の学習」のために

筑摩書房
河野哲也（編）・得居千照・永井玲衣（編集協力）(2020). ゼロからはじめる哲学対話：哲学プラクティスハンドブック　ひつじ書房
Kono, T., Murase, T., Terada, T., & Tsuchiya, Y. (2017). Recent Development of Philosophical Practice in Japan. *Philosophical Practice, Journal of the APPA, 12*(2), 1935–1946.
桑子敏雄 (2016). わがまち再生プロジェクト　角川書店
前田有香・河野哲也 (2021). オンラインでの子どもの哲学による「考え、議論する道徳」の実践：小学校4年生の道徳科　立教大学教育学科研究年報, *64*, 269–279.
マクルーハン, M. 栗原裕・河本仲聖（訳）(1987). メディア論　みすず書房
永井玲衣・河野哲也 (2018). 地方創生教育としての子どもの哲学——東北被災地における「子どもてつがく探検隊」の教育実践とその総合的な学習への導入可能性　立教大学教育学科研究年報, *61*, 27–47.
永井玲衣・河野哲也 (2021). オンラインでの子どもの哲学による「考え、議論する道徳」の実践：小学校5年生の道徳科　立教大学教育学科研究年報, *64*, 281–291.
ラービ, P. B. 加藤恒男・岸本晴雄・松田博幸・水野信義（訳）(2006). 哲学カウンセリング——理論と実践　法政大学出版局
ソーテ, M. 堀内ゆかり（訳）(1996). ソクラテスのカフェ　紀伊國屋書店
寺田俊郎（編著）(2021). 哲学対話と教育（シリーズ臨床哲学第５巻）大阪大学出版会